Lehr- und Handbücher zu Sprachen und Kulturen
Herausgegeben von José Vera Morales

Bisher erschienene Titel:

Englisch
Guess: Professional English
Labriola, Schiffer: Politisches Wörterbuch
O'Riordan, Lehninger: Business 21 – Modernes Wirtschaftsenglisch kompakt
Pawelzik: Communication in Business

Französisch
Jöckel: Training Wirtschaftsfranzösisch

Italienisch
Macedonia: Wirtschaftsitalienisch mit Übungen und Audio-CD

Russisch
Saprkina, Pribyl: Wirtschaftsrussisch

Spanisch
Jöckel: Wirtschaftsspanisch – Einführung
Schnitzer, Martí: Wirtschaftsspanisch – Terminologisches Handbuch
Schnitzer, Schatzl: Übungsbuch zu Wirtschaftsspanisch
Vera Morales: Spanische Grammatik

Wirtschaftsrussisch

Praktische Wirtschaftsthemen
in Dialogen, Texten und Übungen

von

Univ.-Lektor Elena Saprykina
Mag. Doris Pribyl

3., überarbeitete und erweiterte Auflage

Oldenbourg Verlag München

Bibliografische Information der Deutschen Nationalbibliothek

Die Deutsche Nationalbibliothek verzeichnet diese Publikation in der Deutschen
Nationalbibliografie; detaillierte bibliografische Daten sind im Internet über
http://dnb.d-nb.de abrufbar.

© 2012 Oldenbourg Wissenschaftsverlag GmbH
Rosenheimer Straße 145, D-81671 München
Telefon: (089) 45051-0
www.oldenbourg-verlag.de

Lektorat: Anne Lennartz
Herstellung: Constanze Müller
Titelbild: thinkstockphotos.de
Einbandgestaltung: hauser lacour
Gesamtherstellung: Grafik & Druck GmbH, München

Dieses Papier ist alterungsbeständig nach DIN/ISO 9706.

ISBN   978-3-486-71349-7
eISBN   978-3-486-71714-3

VORWORT

Dieses Buch wendet sich an Geschäftsleute und Studenten mit Grund-kenntnissen der russischen Sprache. Es eignet sich sowohl für den Unterricht als auch für das Selbststudium.

Die Autorinnen kommen beide aus der Praxis. Univ. Lektor Mag. Elena Saprykina ist Russin und lehrt Wirtschaftsrussisch im Institut für Fachsprachen der Johannes Kepler Universität Linz. Mag. Doris Pribyl kommt aus der Wirtschaft und hat mehrere Jahre als Managerin in Russland und anderen Staaten der GUS gearbeitet.

Die Lektionen sind praxisnah gestaltet und es werden möglichst viele relevante Themen behandelt. Sie finden hier ein Vokabular, das Sie im täglichen Geschäftsleben mit russischen Partnern brauchen werden. Die Grammatik ist kein Hauptthema des Buches, aber wo es nötig schien, wurden kurze grammatikalische Erklärungen eingefügt.

Die Kapitel 1–4 steigern kontinuierlich den Schwierigkeitsgrad. Das Kapitel 5 „Geschäftskorrespondenz" könnte jedoch in Teilen, z.B. jeweils 1 Unterkapitel, vorgezogen werden.

Das Buch enthält einige Originaltexte, z.B. Internetseiten, Speisekarte, Katalogseite, Vertragstext, die nicht wortwörtlich, sondern nur dem Sinn nach verstanden werden müssen. Ebenfalls enthalten sind Lösungen zu den Übungen mit geschlossenen Fragen (Ergänzungsübungen, Ja/Nein-Frage-bögen, etc).

Bunt verstreut in den einzelnen Kapiteln finden Sie unter dem Symbol Tipps für das praktische Leben in Russland. Außerdem sind an einigen Stellen landeskundliche Informationen eingefügt. So können Sie bei der Arbeit mit diesem Buch nicht nur sprachlich profitieren, sondern erhalten auch gleichzeitig Einblicke in Land und Leute.

Der besonderen Dank der Autorinnen gilt Frau Dr. M. Macedonia, die das vorliegende Buch angeregt hat und an deren Werk „Wirtschaftsitalienisch" (ebenfalls Verlag Oldenbourg) sie sich orientiert haben.

Elena Saprykina, Doris Pribyl

INHALTSVERZEICHNIS

Vorwort..V

Abkürzungen und Grammatikalische Begriffe. XI

Глава 1. ТЕЛЕФОННЫЕ РАЗГОВОРЫ..................................1
Kapitel 1. *TELEFONGESPRÄCHE*

1.1   Нужного человека нет на месте..................................2
       Der gewünschte Gesprächspartner ist nicht anwesend

1.2   Вы не туда попали 7
       Falsch verbunden

1.3   Сообщение на автоответчике....................................8
       Nachricht auf dem Anrufbeantworter

1.4   Назначаем встречу 10
       Wir vereinbaren ein Treffen

1.5   Сообщение о приезде 14
       Mitteilung über Ankunft

1.6   Переносим встречу 16
       Ein Treffen wird verschoben

1.7   Неофициальная встреча, свидание...........................20
       Ein privates Treffen, Verabredung

Глава 2. В ПОЕЗДКЕ ПО РОССИИ....................................23
Kapitel 2. *AUF REISEN IN RUSSLAND*

2.1   Заказ гостиницы через интернет *(иллюстрация)* 24
       Hotelreservierung über das Internet (Illustration)

2.2   Вас встречают в аэропорту; small talk.......................25
       Sie werden vom Flughafen abgeholt; Small Talk

2.3   Знакомство...29
       Bekanntschaft machen

2.4   Маленькая энциклопедия русской кухни 31
       Kleines Wörterbuch der russischen Küche

2.5   В ресторане 35
        Im Restaurant

2.6   Обмен тостами 37
        Trinksprüche austauschen

2.7   Экономико-географическая характеристика
        территории на примере Липецкой области 40
        *Wirtschaftlich-geografische Kenndaten einer Region
        am Beispiel Lipetsk*

Глава 3. НА ВЫСТАВКЕ 45
Kapitel 3. *AUF EINER MESSE*

3.1   Приглашение на выставку 46
        Messeeinladung

3.2   У стенда: диалог с потенциальным заказчиком 48
        Am Messestand: Dialog mit Interessenten

3.3   Типичные методы платежа в торговле с Россией 53
        Typische Zahlungsmethoden im Handel mit Russland

3.4   Условия поставки: Incoterms 55
        Lieferbedingungen: Incoterms

3.5   Ситуация на рынке 58
        Marktlage

3.6   Письмо-благодарность в связи с окончанием выставки 63
        Dankschreiben zum Schluss der Messe

Глава 4. ПОСЕЩЕНИЕ ФИРМЫ 65
Kapitel 4. *FIRMENBESUCH*

4.1   Общая информация о фирме 66
        Allgemeine Information über die Firma

4.2   Основные формы коммерческих организаций в России 69
        *Die wichtigsten Formen von kommerziellen Organisationen in
        Russland*

4.3   Организационная структура фирмы и её персонал 71
        Organisationsstruktur der Firma und ihr Personal

4.4   Система сбыта 75
        Vertriebssystem

4.5   Реклама 78
        Werbung

4.6   Переговоры... 82
        Verhandlungen

4.7   Образец договора 88
        Muster eines Vertrages

Глава 5. ДЕЛОВАЯ ПЕРЕПИСКА.. 93
Kapitel 5. *GESCHÄFTSKORRESPONDENZ*

5.1   Почтовый адрес... 94
        Die Postadresse

5.2   Образец делового письма... 96
        Muster eines Geschäftsbriefes

5.3   Словарь клишированных выражений 97
        Feste Redewendungen

5.4   Запрос.. 99
        Die Anfrage

5.5.   Ответ на запрос 101
        Anfragebeantwortung

5.6   Каталог товаров *(иллюстрация)* 104
        Warenkatalog (Illustration)

5.7   Заказ 105
        Bestellung

5.8   Коммерческий заказ через интернет *(иллюстрация)* 107
        Bestellung über das Internet (Illustration)

5.9   Подтверждение заказа 108
        Auftragsbestätigung

5.10   Переписка по электронной почте в связи с поставкой............. 109
        E-Mail-Korrespondenz im Zusammenhang mit der Lieferung

5.11   Рекламация 112
        Reklamation

Lösungen zu den Übungen 117

Wörterverzeichnis... 131

Literatur 148

ABKÜRZUNGEN UND GRAMMATIKALISCHE BEGRIFFE

Abkürzungen

Bsp.	Beispiel
Nom. Sing.	Nominativ Singular
Pl.	Plural
uv.; v.	unvollendet; vollendet
vgl.	vergleiche
f.	feminin
m.	maskulin
Adj.	Adjektiv
Adv.	Adverb

Grammatikalische Begriffe

Substantiv	Hauptwort	
1.F.	1. Fall	Nominativ
2.F.	2. Fall	Genitiv
3.F.	3. Fall	Dativ
4.F.	4. Fall	Akkusativ
4.F.	5. Fall	Instrumental
6.F.	6. Fall	Präpositiv

Singular	Einzahl
Plural	Mehrzahl

Adjektiv	Eigenschaftswort
Adverb	Umstandswort
Pronomen	Fürwort
Verb	Tätigkeitswort, Zeitwort
Infinitiv	Nennform
Subjekt	Satzgegenstand
Objekt	Satzaussage

ТЕЛЕФОННЫЕ РАЗГОВОРЫ

1.1   Нужного человека нет на месте   2

1.2   Вы не туда попали   7

1.3   Сообщение на автоответчике   8

1.4   Назначаем встречу   10

1.5   Сообщение о приезде   14

1.6   Переносим встречу   16

1.7   Неофициальная встреча, свидание   20

1.1. НУЖНОГО ЧЕЛОВЕКА НЕТ НА МЕСТЕ

Телефонный разговор – одна из самых эффективных форм делового общения. Однако, часто бывает так, что нужного вам человека нет на месте. *Das Telefongespräch ist eine der effektivsten Formen der geschäftlichen Kommunikation. Es kommt jedoch häufig vor, dass der gewünschte Gesprächspartner nicht anwesend ist.*

> ☻ Герберт Дорфер, менеджер фирмы «Полинорм»
> ☺ сотрудница русской фирмы «Гигант»

☺ Акционе́рное о́бщество «Гига́нт».

☻ Здра́вствуйте. Это говори́т **Ге́рберт** До́рфер из фирмы «Полино́рм».

☺ Прости́те, из како́й фи́рмы?

☻ Неме́цкая фи́рма «Полино́рм», я звоню́ из Герма́нии. Могу́ я поговори́ть с госпожо́й Но́виковой?

☺ **Её сейча́с нет**, она́ **уе́хала по дела́м** в Сара́тов.

☻ **А когда́ она́ бу́дет?**

☺ Сейча́с, мину́точку, я посмотрю́... Че́рез два дня, в четве́рг. **Ей что-нибудь переда́ть?**

☻ Переда́йте, пожа́луйста, **что́бы** она́ мне обяза́тельно позвони́ла, **как то́лько** вернётся, **это о́чень сро́чно**.

☺ Если это сро́чно, я могу вам дать её **моби́льный телефо́н**.

☻ Да, пожа́луйста, **я запи́сываю**.

☺ Ноль ноль семь, де́вять ноль два, сто пятьдеся́т шесть, девяно́сто три, шестьдеся́т во́семь. Записа́ли?

☻ Да, большо́е спаси́бо, всего́ хоро́шего.

☺ До свида́ния.

💬 Wenn Sie gebeten haben, einem abwesenden russischen Gesprächspartner etwas auszurichten, rechnen Sie nicht unbedingt damit, dass Ihre Nachricht weitergegeben wird.

КОММЕНТАРИИ

Герберт: Im Russischen wird das deutsche „H" hart (wie „G") ausgesprochen, *Bsp.*: Герман, Ганс, Гюнтер

его ....нет: er ist nicht da. Verneinung – daher Genitiv (**его**)!

уехал по делам: er ist auf Geschäftsreise. *Vgl.*: он в командировке. Ein Chef geht nicht «в командиро́вку», d.h. er wird nicht auf Dienstreise geschickt, sondern er fährt «по дела́м».

когда он бу́дет: wann wird er da sein

ему что-нибудь передать: soll ich ihm etwas ausrichten

чтобы: dass. Mit der Konjunktion „чтобы" wird eine indirekte Bitte ausgesprochen. Die чтобы–Sätze stehen sehr oft nach Verben, die eine Bitte, einen Befehl, einen Wunsch ausdrücken. In solchen Nebensätzen steht das Verb immer in der Vergangenheit.

Vgl.: **чтобы** + Infinitiv = um zu. *Bsp.:* Я прие́хал в Москву́, чтобы заключи́ть контра́кт.

как то́лько: sobald

это очень срочно: das ist sehr dringend

моби́льный телефо́н: Handy, *aber auch:* Handynummer. *Umgangssprachlich:* моби́льный / моби́льник.

номер телефо́на: Telefonnummer. Im Russischen wird das Wort „Nummer" bei ihrer Angabe üblicherweise weggelassen, statt dessen sagt man einfach nur «телефо́н». *Bsp.*: рабо́чий телефо́н, дома́шний телефо́н.

я записываю: ich notiere

Wenn Sie von Westeuropa aus nach Russland telefonieren, vergessen Sie nicht die Größe des Landes und die daraus resultierenden Zeitunterschiede: Moskau = MEZ + 2 Std, Wladiwostok = MEZ + 10 Std.!

Упражнение 1. Вставьте пропущенное. *Ergänzen Sie.*

Здра́вствуйте, (könnte ich Herrn Serov sprechen) _____

_____? (Er ist nicht da) _____, он в командиро́вке

и бу́дет то́лько (in drei Tagen) _____. (Richten Sie

ihm bitte aus) _____, чтобы он мне

позвони́л, когда́ (er zurückkommt) _____. У меня́

тепе́рь но́вый рабо́чий (Telefonnummer) _____

запиши́те его, пожа́луйста. Да-да, я (notiere) _____.

Упражнение 2. Разыграйте диалог по образцу.

Führen Sie einen Dialog nach folgendem Muster:

☺ Фи́рма «Гара́нт». Я вас слу́шаю.

☻ Здра́вствуйте, это говори́т ... Могу́ я поговори́ть с генера́льным дире́ктором?

☺ К сожале́нию, его нет, он в о́тпуске.

☺ замести́тель дире́ктора

☻ в командиро́вке в Япо́нии

☺ секрета́рша дире́ктора

☻ в о́тпуске

☺ ме́неджер по прода́жам

☻ на перегово́рах

☺ гла́вный бухга́лтер

☻ в декре́тном о́тпуске

☺ ме́неджер по рекла́ме

☻ на обе́де

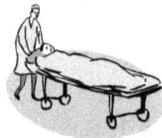

☺ дире́ктор

☻ в больни́це с инфа́рктом

Упражнение 3. Вставьте пропущенное. *Ergänzen Sie.*

Алло́, (kann ich Oleg sprechen) _____

_____? (Er ist nicht da) _____, ему что-нибу́дь переда́ть?

Нет, спаси́бо, мне обяза́тельно ну́жно (sprechen) _____

с ним ли́чно. Вы не могли́ бы дать мне (seine Handynummer)

_____? Вообще́-то он (auf Urlaub) _____,

но е́сли это (sehr dringend) _____ .

Упражнение 4. Составьте диалоги по образцу, используйте информацию в рамках. *Führen Sie Dialoge laut Muster. Verwenden Sie die unten angeführten Ausdrücke.*

☺ Алло́, мо́жно Мари́ну?

☻ Её нет, она на скла́де.

☺ А когда́ она бу́дет?

☻ О́коло трёх[1].

> О́льга, Бори́с Серге́евич, Ива́н, Ири́на, г-н Крыло́в, Андре́й, А́лла Коро́вина

Где / Что де́лает?	Когда́ бу́дет?
• уе́хал(а) по дела́м	• за́втра
• в командиро́вке	• в понеде́льник
• в о́тпуске	• че́рез две неде́ли
• на переговóрах	• где-то че́рез час[2]
• бо́лен / больна́	• я то́чно не зна́ю
• вы́шел / вы́шла	• мину́т че́рез де́сять[3]
• за́нят / занята́	• ско́ро

[1] **около трёх** – ungefähr um drei

[2] **где-то через час** - in circa einer Stunde

[3] **минут через десять** - in ungefähr 10 Minuten

Упражнение 5. Напишите, когда вернутся в офис следующие сотрудники фирмы. *Schreiben Sie auf, wann die folgenden Mitarbeiter zurück sein werden.*

комме́рческий дире́ктор – в делово́й пое́здке ____*через две недели*____

замести́тель дире́ктора – бо́лен _____

секрета́рша дире́ктора – о́тпуске _____

генера́льный дире́ктор – в больни́це _____

гла́вный бухга́лтер – в декре́тном о́тпуске _____

ме́неджер по рекла́ме – на обе́де _____

ме́неджер по прода́жам – на переговóрах _____

гла́вный инжене́р – в командиро́вке _____

<u>Упражнение 6.</u> Разыграйте следующий диалог.
Führen Sie einen Dialog nach folgenden Angaben:

☺ Sie rufen eine russische Firma wegen einer für Sie wichtigen Sache an. Die gewünschte Gesprächspartnerin ist nicht da. Versuchen Sie, ihre Handynummer zu erfahren.

☻ In der Firma ruft Sie ein Kunde aus dem Ausland an. Er möchte mit Ihrer Kollegin sprechen, die im Augenblick nicht im Büro ist. Beantworten Sie die Fragen des Kunden und versuchen Sie, ihm zu helfen.

Как делают в России - Wie macht man es in Russland

Как обращаться к русскому партнеру?

Обраще́ние «господи́н + фами́лия» испо́льзуется, как пра́вило, то́лько в официа́льной обстано́вке и́ли е́сли речь идёт о незнако́мом вам челове́ке. Гора́здо бо́лее обы́чными явля́ются обраще́ние по и́мени и о́тчеству и обраще́ние про́сто по и́мени. Определи́ть како́е из э́тих обраще́ний явля́ется бо́лее уме́стным мо́жно в зави́симости от во́зраста собесе́дника, официа́льности ситуа́ции, а та́кже по тому́, как сам ру́сский представля́ется, т.е. называ́ет ли он то́лько своё и́мя и́ли и́мя и о́тчество. Обы́чно к лю́дям, кото́рые заме́тно ста́рше вас, обраща́ются на «**вы**» и по и́мени и о́тчеству, незави́симо от их ста́туса. Обраще́ние на «**ты**» возмо́жно то́лько в слу́чае о́чень тёплых дру́жеских отноше́ний, возника́ющих в результа́те дли́тельного знако́мства. Е́сли ру́сский сомнева́ется, како́е обраще́ние употреби́ть, он скоре́е употреби́т «**вы**», боя́сь показа́ться фамилья́рным и́ли невоспи́танным. С обраще́нием на «**ты**» обы́чно сочета́ется по́лное и́ли сокращённое и́мя, с обраще́нием на «**вы**» мо́жет сочета́ться как и́мя и о́тчество (Серге́й Ива́нович, рад вас ви́деть), так и по́лное и́ли сокращённое и́мя (О́ля/Ольга, вы сего́дня прекра́сно вы́глядите!).

Wie spricht man einen russischen Gesprächspartner an?

Die Anrede „Herr/Frau + Familienname" ist in Russland höchstens bei offiziellen Anlässen üblich, oder wenn Sie die betreffende Person zum ersten Mal treffen. Weitaus gebräuchlicher ist die Anrede mit Vor- und Vatersnamen, oder die Anrede nur mit Vornamen. Welche dieser Anredeformen angebracht ist, hängt vom Alter des Gesprächspartners ab, wie formell die Situation ist, und auch davon, wie der Russe sich selbst vorstellt, d.h. nennt er nur seinen Vornamen, oder Vornamen und Vatersnamen. Gewöhnlich redet man Leute, die merklich älter sind, mit „Sie" und mit Vor- und Vatersnamen an, unabhängig von ihrem Rang. Die Anrede „du" ist nur unter sehr eng befreundeten Leuten, die sich schon lange kennen, passend. Wenn ein Russe unsicher ist, welche Anrede passt, wird er eher „Sie" verwenden, weil er befürchtet, mit „du" einen zu vertraulichen Ton anzuschlagen. Bei der Anrede „du" verwendet man gewöhnlich den Vornamen oder dessen Diminutiv, bei „Sie" kann Vor- und Vatersname stehen: (Sergej Ivanovitsch, ich freue mich Sie zu sehen), oder auch der volle oder gekürzte Vorname: (Olja/Olga, Sie sehen heute gut aus).

1.2. ВЫ НЕ ТУДА ПОПАЛИ

Телефонная связь далеко не всегда работает идеально, поэтому будьте готовы к тому, что к телефону подойдёт совсем не тот человек, которому вы звоните. *Telefonverbindungen funktionieren nicht immer richtig und es kann vorkommen, dass Sie am Telefon eine ganz andere Person erwischen, als Sie vorhatten.*

> ☻ Герберт Дорфер
> ☺ неизвестная женщина

☺ Алло́, я вас слу́шаю.

☻ Здра́вствуйте. Это говори́т Ге́рберт До́рфер. Мо́жно О́льгу Нови́кову?

☺ Прости́те, вас о́чень пло́хо слы́шно. Кого́?

☻ Госпожу́ Но́викову.

☺ **Вы не туда́ попа́ли, здесь таки́х нет!**

☻ Прости́те, я не по́нял. Что вы сказа́ли?

☺ **Вы оши́блись но́мером.**

☻ Это не фи́рма «Гига́нт»?

☺ Нет, нет, это **ча́стная кварти́ра.**

☻ Извини́те, пожа́луйста, я звоню́ из-за грани́цы, наве́рное **меня́ непра́вильно соедини́ли.**

☺ Ничего́.

КОММЕНТАРИИ

вы не туда попали: Sie sind hier falsch.

здесь таких нет: Den gibt's hier nicht. *Wörtlich:* solche gibt es hier nicht.

вы ошиблись номером: Sie haben sich verwählt.

частная квартира: Privatwohnung

меня неправильно соединили: ich wurde (man hat mich) falsch verbunden.

Diese „subjektlose" Struktur entspricht im Deutschen einem Passivsatz oder einem Satz mit *man* als Subjekt und wird durch ein Verb in der 3. Person Plural wiedergegeben.

Wenn Sie in Russland jemanden zu Hause anrufen, wundern Sie sich nicht, wenn man sich nur mit „алло" oder „слушаю", nicht aber mit dem Namen meldet. Das ist so üblich und nicht unhöflich gemeint.

Упражнение 7. Разыграйте следующий диалог.
Führen Sie einen Dialog nach folgenden Angaben:

☺ Вы звони́те своему́ ста́рому дру́гу, потому́ что по́сле двух буты́лок пи́ва вам о́чень захоте́лось с ним встре́титься.

● Вы сиди́те до́ма и смо́трите чемпиона́т ми́ра по футбо́лу. Вам звони́т незнако́мый челове́к и говори́т, что сейча́с прие́дет к вам в го́сти.

Упражнение 8. Телефонная связь может не работать по разным причинам. Соедините при помощи линии выражения на русском языке с аналогичными выражениями на немецком. *Eine Telefonverbindung kann aus verschiedensten Gründen nicht funktionieren. Ordnen Sie die deutschen Sätze den richtigen russischen Sätzen zu.*

Я не могу́ дозвони́ться, всё вре́мя за́нято!	Ich komme nicht durch, es ist immer besetzt!
Я звони́л на моби́льный, но там никто́ не отвеча́ет, наве́рное связь не рабо́тает.	Es ist unmöglich miteinander zu sprechen, die Verbindung wird ständig unterbrochen!
Невозмо́жно разгова́ривать, связь всё вре́мя прерыва́ется!	Rufen Sie bitte zurück, ich kann Sie nicht verstehen.
Перезвони́те пожа́луйста, я ничего́ не слы́шу.	Ich habe am Handy angerufen, aber es hat niemand abgehoben, die Verbindung ist wohl gestört.

1.3. СООБЩЕНИЕ НА АВТООТВЕТЧИКЕ

Если вам нужно оставить сообщение на автоответчике, а вы раньше этого не делали, то было бы неплохо обдумать ваше сообщение заранее. *Für den Fall, dass Sie beim Telefonieren mit einem Anrufbeantworter konfrontiert werden, ist es am Anfang nicht schlecht, sich vorher eine passende Nachricht zu überlegen.*

Вы позвони́ли по телефо́ну ноль ноль семь, де́вять ноль два, сто пятьдеся́т шесть, девяно́сто три, шестьдеся́т во́семь. К сожале́нию я сейча́с не могу́ **подойти́ к телефо́ну. Оста́вьте**, пожа́луйста, ва́ше сообще́ние **по́сле гудка́**.

*****

Здра́вствуйте, это говори́т Ге́рберт До́рфер из фи́рмы «Полино́рм». Я звоню́ **по по́воду** на́шего возмо́жного сотру́дничества. Я ско́ро бу́ду в Москве́ и **хоте́л бы** договори́ться о встре́че. Я вам ещё раз позвоню́ в понеде́льник. Всего́ хоро́шего.

КОММЕНТАРИИ

подойти́ к телефо́ну: zum Telefon kommen

оста́вьте (v.): hinterlassen Sie. *Infinitiv (v.):* оста́вить (я оста́влю, ты оста́вишь; они оста́вят). *Infinitiv (uv.):* оставля́ть

после гудка́: nach dem Signalton. *Nom. Sing.:* гудо́к

по по́воду (+2.F.): anlässlich, wegen. *Nom. Sing.:* по́вод - Anlass

хоте́л бы: möchte. Die einzige Konjunktivform, die es im Russischen gibt: Verb im Präteritum + **бы**

Упражне́ние 9. Оста́вьте на автоотве́тчике сле́дующие сообще́ния. *Hinterlassen Sie folgende Nachrichten auf dem Anrufbeantworter.*

1. У вас сро́чное де́ло, попроси́те вам перезвони́ть.

2. У вас измени́лся но́мер телефо́на, сообщи́те свой но́вый но́мер.

3. Сообщи́те, когда вы отпра́вили пе́рвую па́ртию това́ра.

4. Ваш покупа́тель перевёл на ваш счёт де́ньги, но вы их ещё не получи́ли. Вы хоти́те узна́ть, когда́ и в како́м ба́нке был сде́лан перево́д.

5. .... (?)
    (приду́майте сообще́ние сами)

6. Sie haben den Vertrag unterschrieben und schon per Kurier (курье́ром) abgeschickt.

7. Sie möchten nach Russland reisen. Ersuchen Sie um eine Einladung für das Visum.

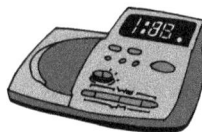

Leider passiert es oft, dass man der Bitte um Rückruf nicht nachkommt. Versuchen Sie, Ihre Nachricht so zu gestalten, dass Ihr Partner interessiert ist, Sie zurück zu rufen.

1.4. НАЗНАЧАЕМ ВСТРЕЧУ

Вы готовитесь к поездке в Россию где хотели бы встретиться с потенциальным клиентом. Вы звоните ему, чтобы договориться о встрече. *Sie bereiten sich auf eine Geschäftsreise nach Russland vor, wo sie sich mit einem Interessenten treffen wollen. Sie rufen ihn an, um ein Treffen zu vereinbaren.*

● Герберт Дорфер
☺ Ольга Новикова, директор фирмы «Гигант»

☺ Алло́!

● О́льга Алекса́ндровна?

☺ Да, это я.

● До́брый день, моя́ фами́лия До́рфер, мы познако́мились с ва́ми на вы́ставке в Мю́нхене, неме́цкая фи́рма «Полино́рм», **по́мните**? Вас тогда́ заинтересова́ла на́ша проду́кция.

☺ Да-да, коне́чно по́мню.

● **Де́ло в том**, что я ско́ро бу́ду в Москве́ и хоте́л бы с ва́ми встре́титься, **что́бы обсуди́ть** возмо́жное сотру́дничество.

☺ **Како́го числа́ вы приезжа́ете**?

● Двена́дцатого февраля́, в воскресе́нье.

☺ А **на ско́лько**?

● На неде́лю.

☺ Так, мину́точку... Понеде́льник у меня́ за́нят, мо́жно во вто́рник во второ́й полови́не дня, или в сре́ду у́тром у нас на фи́рме. **Вам когда́ удо́бнее?**

● Лу́чше в сре́ду у́тром.

☺ Скажи́те в како́й гости́нице вы бу́дете жить, наш сотру́дник **зае́дет за ва́ми** в во́семь утра́.

● Гости́ница «Президе́нт».

☺ Хорошо́, **вас бу́дут ждать** внизу́, в хо́лле.

● Договори́лись.

КОММЕНТАРИИ

помните: erinnern Sie sich

дело в том: es geht darum

чтобы обсудить: um zu besprechen

какого числа вы приезжаете: am wievielten kommen Sie an

число - Datum

на сколько: für wie lange

вам когда удобнее: wann ist es ihnen am liebsten

заедет за (+5.F.) вами: holt Sie ab

Im Zusammenhang mit Flughafen oder Bahnhof wird ein anderes Verb gebraucht: **встретить.** *Bsp.*: Он встре́тит вас на вокза́ле, в аэропорту́.

вас бу́дут ждать: Sie werden erwartet

Упражнение 10. Вста́вьте пропущенное. *Ergänzen Sie.*

Мы познако́мились на вы́ставке в Москве́, (erinnern Sie sich) _____? Я (auf) _____ три дня́ прилета́ю в Новосиби́рск, (am Mittwoch, den 10. März,), _____, мы могли́ бы встре́титься? Да, но то́лько (am Freitag, dem 12.) _____, в сре́ду и четве́рг меня́ не бу́дет в го́роде. Хорошо́, когда́ и где мы встре́тимся? Когда́ (ist es Ihnen am liebsten) _____? Мне лу́чше (vormittags = in der ersten Hälfte des Tages) _____, ве́чером у меня́ самолёт. Я зае́ду за ва́ми в гости́ницу (um 8 Uhr morgens) _____. Хорошо́, (abgemacht) _____.

Как говоря́т в Росси́и - Wie sagt man in Russland

Im Russischen sagt man für „Vormittag" – пе́рвая полови́на дня́, für „Nachmittag" – втора́я полови́на дня́. Z.B. treffen wir uns am Vormittag / am Nachmittag – встре́тимся в пе́рвой полови́не дня́ / во второ́й полови́не дня́.

Упражнение 11. Напишите, который час. *Schreiben Sie wie spät es ist.*

десять часо́в утра́   два часа́ дня́   во́семь часо́в утра́ три часа́ ночи́   де́вять часо́в ве́чера   час но́чи семь часо́в ве́чера   <u>час дня́</u>

13:00 _____ *час дня* _____

14:00 _____

08:00 _____

10:00 _____

01:00 _____

03:00 _____

19:00 _____

21:00 _____

Упражнение 12. С вами хотят встретиться разные люди. Как вы думаете, как они ответят на ваш вопрос «Где мы встретимся?». *Verschiedene Leute wollen sich mit Ihnen treffen. Wie, glauben Sie, werden sie auf Ihre Frage: „Wann und wo treffen wir uns" antworten?*

Вы: «Когда́ и где́ мы встре́тимся?». **Экспедитор** : «Дава́йте встре́тимся на скла́де в девять часов утра́».

- гла́вный инжене́р фирмы «Промга́з»:

....

- дире́ктор заво́да «Росма́ш»:

....

- губерна́тор Новосиби́рской о́бласти:

....

- дире́ктор рекла́много аге́нтства:

....

- ваши моско́вские знако́мые:

....

(придумайте ответ сами)

> 24:00, стрипти́з-бар
> «Кра́сная Ша́почка»
>
> 08:00, о́фис фи́рмы
>
> 20:00, рестора́н «Рококо́»
>
> 14:00, конфере́нц-зал

Упражнение 13. Вставьте подходящие слова или фразы. *Fügen sie passende Wörter oder Wortverbindungen ein.*

де́ло в том	како́го числа́	мне удо́бнее	заинтересова́ла
заéдет за ва́ми	обсуди́ть	что́бы	за́нят	ждёте

1. В ва́шем катало́ге нас осо́бенно .... моде́ль №5.

2. .... начина́ются перегово́ры?

3. Наш шофёр .... в гости́ницу в се́мь ве́чера.

4. .... встре́титься ве́чером, по́сле рабо́ты.

5. Нам необходи́мо .... но́вый зака́з.

6. Дире́ктор сейча́с о́чень .... , позвони́те ему́ попо́зже.

7. Извини́те, я не мог прийти ра́ньше. Вы давно́ меня́ ....?

8. ...., что ва́ша проду́кция не отвеча́ет росси́йским станда́ртам.

9. .... получи́ть визу, мне́ необходи́мо приглаше́ние.

Упражнение 14. Разыграйте следующий диалог.
Führen Sie einen Dialog nach folgenden Angaben:

☺ К вам на фи́рму звони́т ваш иностра́нный партнёр. Он хоте́л бы встре́титься сего́дня с ва́шим ше́фом, кото́рого сейча́с нет – он уе́хал по дела́м в друго́й го́род.

● Вы зво́ните на фи́рму, что́бы договори́ться о встре́че с дире́ктором. Вы уже́ говори́ли ему́, что бу́дете в Петербурге в сре́ду и сейча́с хоти́те то́лько уточни́ть вре́мя ва́шей встре́чи.

Упражнение 15. Разыграйте следующий диалог.
Führen Sie einen Dialog nach folgenden Angaben:

☺ Sie rufen Ihren Spediteur an, um einen Termin zu vereinbaren. Der vorgeschlagene Termin passt Ihnen nicht, da Sie zu dieser Zeit schon einen anderen Termin geplant haben (уже назначена другая встреча). Schlagen Sie einen späteren Zeitpunkt vor.

● Ein Kunde Ihrer Spedition ruft Sie an, um einen Termin zu vereinbaren. Sie schlagen Mittwoch vor, doch Ihr Kunde hat an diesem Tag schon eine andere Verpflichtung. Stimmen Sie einen anderen Termin mit Ihrem Kunden ab.

1.5. СООБЩЕНИЕ О ПРИЕЗДЕ

Если вы совершаете деловую поездку по стране, то обычно организацию поездки берут на себя ваши русские партнеры. *Bei Geschäftsreisen in Russland übernehmen meistens Ihre russischen Partner die örtliche Organisation der Reise.*

☻ Герберт Дорфер
☺ сотрудница сибирской фирмы-партнёра

☻ Добрый день, это говори́т Ге́рберт До́рфер, фи́рма «Полино́рм». **Я хоте́л сообщи́ть**, что прилета́ю в Новосиби́рск деся́того декабря́ **ре́йсом** СУ 721 из Москвы́. Я уже́ посла́л вам **еме́йл**, но **на вся́кий слу́чай** реши́л позвони́ть.

☺ Да-да, мы уже́ получи́ли ваш факс. Наш сотру́дник **встре́тит вас в аэропорту́** и **отвезёт** в гости́ницу. Вы уви́дите, у него́ бу́дет табли́чка с ва́шей фами́лией. Мы заказа́ли вам но́мер в гости́нице «Сиби́рь» в це́нтре го́рода.

☻ Большо́е спаси́бо. Да, у меня́ ещё оди́н вопро́с. Кака́я у вас пого́да?

☺ О́чень хо́лодно, два́дцать **гра́дусов моро́за**, так что **одева́йтесь тепло́**.

КОММЕНТАРИИ

я хотел сообщить: ich wollte mitteilen

рейсом: mit dem Flug. Instrumental (5. Fall) zur Angabe des Instrumentes oder Mittels einer Handlung. *Bsp.:* есть ви́лкой, рисовать карандашо́м

на всякий случай: um sicher zu sein

встретит вас в аэропорту: holt sie am Flughafen ab (на вокза́ле – am Bahnhof)

отвезёт (v.): bringt (Sie) hin. *Infinitiv:* отвезти́ (я отвезу́, ты отвезёшь; они́ отвезу́т).

20 градусов мороза = минус двадцать. *Vgl.:* **20 градусов тепла́ = плюс двадцать**

одевайтесь тепло: ziehen Sie sich warm an

емейл: email или «электронная почта». *Послать по электронной почте*

Упражнение 15. Сообщите, когда вы прилетаете.
Teilen Sie mit, wann Sie ankommen.

05.07, рейс ЮК 1134, Москва́ – Краснода́р

10.02, рейс ДД 360, Москва́ – Владивосто́к

21.10, рейс OS 605, Ве́на – Москва́

30.08, рейс B2 894, Фра́нкфурт – Ми́нск

02.02, рейс МЛ 4127, Новосиби́рск – Краснода́р

29.01, рейс Г5 869, Ирку́тск – Санкт-Петербу́рг

13.03, рейс У6 708, Мюнхен – Екатеринбу́рг

Упражнение 16. Восстановите вопросы по ответам.
Rekonstruieren Sie die Fragen anhand der Antworten.

1) - ....
   - Пя́того апре́ля.
2) - ....
   - Ре́йсом СУ 150
3) - ....
   - Да, вас встре́тит наш сотру́дник.
4) - ....
   - О́чень жа́рко, 30 гра́дусов тепла́
5) - ....
   - В гости́нице «Столи́чная».

Упражнение 17. Разыгра́йте следующий диалог.
Führen Sie einen Dialog nach folgenden Angaben:

☺ Ihr russischer Kunde ruft an, um mitzuteilen, wann er nach Österreich kommt. Sie haben schon alles zu seinem Empfang vorbereitet und wollen ihn selbst am Flughafen abholen.

● Sie werden am 10. Juni mit Flug Nr. 5 aus Moskau in Wien ankommen. Teilen Sie dies Ihrem österreichischen Partner mit und fragen Sie ihn gleichzeitig, wie das Wetter in Österreich ist.

Упражнение 18. Разыгра́йте следующий диалог.
Führen Sie einen Dialog nach folgenden Angaben:

☺ Узна́йте у ва́шего клие́нта, кото́рый хоте́л побыва́ть у вас на фи́рме, когда́ он приезжа́ет и обсуди́те с ним дета́ли его́ пое́здки.

● Вы соверша́ете делову́ю пое́здку по Евро́пе на маши́не. Вам звони́т дире́ктор фи́рмы, кото́рую вы хоте́ли посети́ть. Сообщи́те ему́ о ва́ших пла́нах

1.6. ПЕРЕНОСИМ ВСТРЕЧУ

Может случиться, что ваши планы изменились и вам надо перенести назначенную встречу. *Es kommt vor, dass sich Ihre Pläne geändert haben und Sie eine Besprechung verschieben müssen.*

☻ Герберт Дорфер
☺ Ольга Новикова

☺ Алло́!

☻ О́льга Алекса́ндровна?

☺ Да.

☻ До́брый день, До́рфер говори́т.

☺ А, здра́вствуйте, Ге́рберт, я вас слу́шаю.

☻ Я звоню́ по пово́ду на́шей встре́чи. Мы договори́лись встре́титься второ́го февраля́, но у меня́ **сро́чные дела́** в Мю́нхене, так что я смогу́ быть в Москве́ **не ра́ньше** вто́рника. **Вы не могли́ бы перенести́** на́шу встре́чу **на** пя́тое февраля́?

☺ Одну́ мину́точку, **я посмотрю́** .... так, пя́того я не могу́, я **весь день** занята́. **Как насчёт** шесто́го, в де́сять утра́?

☻ Да, это не пробле́ма.

☺ Отли́чно, я о́чень ра́да. До встре́чи в Москве́

КОММЕНТАРИИ

сро́чные дела: dringende Angelegenheiten (Geschäfte)

не ра́ньше (+2.F.) **вто́рника:** erst. *Wörtlich*: nicht früher als

вы не могли́ бы: könnten Sie, bitte.

Im Russischen wird eine Bitte meist mit einer verneinten Frage (könnten Sie nicht?) ausgedrückt.

перенести́ ..... **на** (+ 4.F.)**:** verschieben auf

я посмотрю́: ich sehe nach

весь день: den ganzen Tag

как насчёт (+ 2. F.): wie wäre es mit

Упражнение 19. Вставьте пропущенное. *Ergänzen Sie.*

Извини́те, я хоте́л бы (verschieben) _____ на́шу встре́чу.

Я до́лжен (dringend) _____ лете́ть в Га́мбург, поэ́тому я
не смогу́ прие́хать в сре́ду, как мы (vereinbart haben) _____.

Я верну́сь (nicht früher als am Freitag) _____.

Мо́жет быть мы (könnten) _____ встре́титься

на сле́дующей неде́ле? (Wie steht es mit) _____

понеде́льника? Да, (kein Problem) _____.

Упражнение 20

А) Допишите диалог до конца. *Ergänzen Sie den Dialog.*

сва́дьба (Hochzeit), **пра́здник** (Feiertag), **выходно́й** (freier Tag), **отгу́л**
(Zeitausgleich)

- Дава́йте встре́тимся в понеде́льник.
- В понеде́льник я не могу́, у меня ва́жная встре́ча.

- А во вто́рник?
- Во вто́рник я не могу́, ...   **это выходной, я буду отдыхать**

- А в сре́ду?
- В .... я то́же ...., ...   **у меня свадьба**

- А в _____ ?   **у нас праздник, никто не работает**
- ....

- А в _____ ?   **у меня отгул**
....

- Тогда́ в сле́дующий понеде́льник!!

- ....

Б) Разыгра́йте сле́дующий диалог: вы пытаетесь договориться о встрече с
партнером, но какой бы день недели вы не предлагали, он/она всё время
находит отговорку. *Führen Sie folgenden Dialog: Sie versuchen, mit einem/r
Partner/in einen Termin zu vereinbaren, aber egal welchen Tag Sie vorschlagen,*

Как делают в России - Wie macht man es in Russland

Нерабо́чие дни́ в Росси́и

Согла́сно Трудово́му ко́дексу Росси́йской Федера́ции (РФ) нерабо́чими и пра́здничными дня́ми явля́ются:

1, 2, 3, 4, 5 января́ – Но́вый год и Нового́дние кани́кулы

7 января́ – Рождество́ Христо́во

23 февраля́ – День защи́тника Оте́чества

8 ма́рта – Междунаро́дный же́нский день

1 и 2 ма́я – Пра́здник Весны́ и Труда́

9 ма́я – День Побе́ды

12 ию́ня – День Росси́и

4 ноября́ - День наро́дного еди́нства

7 ноября́ – годовщи́на Октя́брьской револю́ции. День согла́сия и примире́ния.

В слу́чае, если пра́здничный день прихо́дится на суббо́ту и́ли воскресе́нье, то выходно́й день перено́сится на ближа́йший понеде́льник.

Arbeitsfreie Tage in Russland

Gemäß dem Arbeitsgesetz der Russischen Föderation sind folgende Tage arbeitsfrei bzw. Feiertage:

1.,2., 3., 4., 5. Januar – Neujahr und Silvester Urlaubswoche

7. Januar – Christi Geburt *(orthodoxe Weihnachten)*

23. Februar - Tag des Beschützers des Vaterlandes *(Tag der russ. Armee)*

8. März – - Internationaler Frauentag

1. und 2. Mai – Tag des Frühlings und der Arbeit

9. Mai – Tag des Sieges *(II. Weltkrieg)*

12. Juni – Tag Russlands *(Nationalfeiertag)*

4. November – Tag der Einheit des Volkes (Tag der Befreiung Moskaus von den polnischen Besatzern 1612)

7. November – Jahrestag der Oktoberrevolution, Tag der Eintracht und Versöhnung

Wenn ein Feiertag auf einen Samstag oder Sonntag fällt, verschiebt sich der arbeitsfreie Tag auf den nachfolgenden Montag.

Erfahrungsgemäß gibt es ab und zu noch zusätzliche arbeitsfreie Tage. Es lohnt sich daher, vor jeder Reise nach Russland nachzufragen, ob die gewünschten Gesprächspartner wirklich am Arbeitsplatz sein werden.

Упражнение 21. Разыграйте следующий диалог.

Führen Sie einen Dialog nach folgenden Angaben:

☺ Вам звони́т ваш партнёр и про́сит перенести́ переговóры на другóй день. В э́тот день вы бу́дете в командирóвке в Брази́лии. Предложи́те ему другóй вариа́нт.

☻ У вас на втóрник 15 февраля́ назна́чены переговóры. 14 февраля́ у ва́шей жены́ начали́сь рóды (Entbindung) и вы отвезли́ её в больни́цу. Попроси́те ва́шего партнёра перенести́ переговóры.

Упражнение 22. Закончите предложения. *Ergänzen Sie die Sätze.*

Я звоню́ Вам по пóводу ....

Мы договори́лись встрéтиться ....

К сожалéнию я смогу́ приéхать не ра́ньше ....

Вы не могли́ бы перенести́ на́шу встрéчу на ....

В пя́тницу я не могу́. Как насчёт .... ?

Упражнение 23. Вы в командировке в России. У вас остался только один день, для того чтобы сделать дела, которые вы запланировали. Напишите список дел, которые вам надо сделать. Используйте следующие глаголы. *Sie sind auf Dienstreise in Russland. Es bleibt Ihnen nur noch 1 Tag, um die Angelegenheiten, die Sie sich vorgenommen hatten, zu erledigen. Schreiben Sie eine Liste der Dinge, die Sie tun müssen. Verwenden Sie die folgenden Verben:*

позвони́ть (комý), **встрéтиться** (с кем), **заказа́ть** (что/где)

обсуди́ть (что/ с кем), **купи́ть** (что/комý), **договори́ться** (о чём/с кем)

....

....

....

Упражнение 24. **Разыграйте следующий диалог.**

Führen Sie einen Dialog nach folgenden Angaben:

☺ Sie haben mit Ihrem Anwalt einen Termin um 10 Uhr Vormittag vereinbart. Leider ist Ihnen etwas dazwischen gekommen (erklären Sie, was). Rufen Sie den Anwalt an und ersuchen Sie, die Besprechung auf Nachmittag zu verschieben.

☻ Ihr stinkreicher Kunde ruft Sie an und ersucht, die für 10 Uhr vereinbarte Besprechung auf den Nachmittag zu verschieben. Bis 18 Uhr sind Sie völlig ausgebucht (заняты). Was können Sie Ihrem Kunden vorschlagen?

1.7. НЕОФИЦИАЛЬНАЯ ВСТРЕЧА, СВИДАНИЕ

Если вы часто бываете в России, то у вас обязательно появятся там друзья и знакомые. *Wenn Sie öfter in Russland sind, werden Sie bald auch Freunde und Bekannte haben.*

☻ Ге́рберт Дорфер
☺ Ната́ша, ру́сская подру́га Ге́рберта

☺ Алло́

☻ Ната́ша?

☺ Да, я слу́шаю.

☻ Ната́ша, здра́ствуй, это Ге́рберт говори́т. Я че́рез неде́лю бу́ду в Москве́ в командиро́вке. Я о́чень хочу́ тебя́ уви́деть.

☺ Коне́чно, я о́чень ра́да. Позвони́ мне, когда́ прие́дешь. Я бу́ду **ждать твоего́ звонка́**.

*****

☺ Да!

☻ Ната́ша, это я.

☺ Ге́рберт! Ты уже́ давно́ в Москве́?

☻ Нет, **то́лько что прилете́л**. Ната́ша, когда́ мы встре́тимся? Ты сего́дня ве́чером **свобо́дна**? Я хочу́ пригласи́ть тебя́ в рестора́н.

☺ С удово́льствием. А где мы встре́тимся?

☻ Дава́й в семь часо́в ве́чера у па́мятника Пу́шкину.

☺ Ой, я в семь **не успе́ю**, я до шести́ рабо́таю, дава́й **в полвосьмо́го**?

☻ **Ну ла́дно**, в полвосьмо́го. **То́лько не опа́здывай**.

☺ Нет, **что ты**! До ве́чера!

☻ До ве́чера!

КОММЕНТАРИИ

ждать твоего звонка: auf deinen Anruf warten

только что прилетел: gerade angekommen (mit dem Flugzeug)

свободна: frei
он свобо́ден, она свобо́дна, оно свобо́дно, они свобо́дны

у памятника (+3.F.) **Пушкину:** beim Puschkin-Denkmal

не успею: das schaffe ich nicht rechtzeitig

ну ладно: na, gut

в полвосьмого: um halb acht

только не опаздывай: aber verspäte dich nicht. *Infinitiv (uv.):* опа́здывать.
Infinitiv (v.): опозда́ть (я опозда́ю, ты опозда́ешь; они опозда́ют)

что ты: was glaubst denn du

Упражнение 25. Вставьте пропущенное. *Ergänzen Sie.*

1) За́втра нам на́до встать ра́но, что́бы не (verspäten) _____ на самолёт. 2) Дава́й (treffen wir uns) _____ в метро́, на ста́нции «Проспе́кт Верна́дского» в це́нтре за́ла. 3) В банк мы уже́ (schaffen es nicht rechtzeitig) _____, он закрыва́ется че́рез де́сять мину́т. 4) Скажи́те, это ме́сто (frei) _____? 5) Когда́ бу́дешь в Москве́, обяза́тельно _____ _____ (ruf mich an)! 6) Я бы (mit Vergnügen) _____ пошёл с ва́ми на конце́рт, но сего́дня ве́чером я за́нят. 7) Она́ уже́ (seit langem) _____ рабо́тает в э́той фи́рме.

Упражнение 26. Разыгра́йте сле́дующий диалог.
Führen Sie einen Dialog nach folgenden Angaben:

☺ Вы прие́хали по дела́м в Петербу́рг и хоти́те встре́титься с ва́шими друзья́ми, му́жем и жено́й, с кото́рыми вы уже́ давно́ знако́мы. Позвони́те им.

☻ Вам звони́т знако́мый иностра́нец, с кото́рым вы давно́ не ви́делись и говори́т, что он в Петербу́рге. Пригласи́те его́ к себе́ в го́сти.

Упражнение 27. Кого куда бы вы пригласили?
Wen würden Sie wohin einladen?

де́вушку	на бале́т
ба́бушку ва́шей подру́ги	в ночно́й клуб на дискоте́ку
интеллектуа́ла	на конце́рт рок гру́ппы
семью́ с ма́ленькими детьми́●	в казино́
конкуре́нта	в теа́тр, на спекта́кль «Ма́кбет»
ва́жного клие́нта	к себе́ в но́мер (оте́ля)
интере́сного мужчи́ну	в кафе́-моро́женое
молодо́го челове́ка	в центр совреме́нного иску́сства
эффе́ктную же́нщину	в шика́рный рестора́н

Упражнение 28. **Разыграйте следующий диалог.**
Führen Sie einen Dialog nach folgenden Angaben:

☺ Sie rufen Ihre/n Freund/in an und wollen ihn/sie überreden, mit Ihnen ins Kino zu gehen.

☻ Ihr/e Freund/in ruft an und erzählt, dass im Kino „Metropol" gerade ein ganz toller Film läuft. Sie wollen aber nicht ins Kino gehen, denn es regnet und Sie wollen lieber zu Hause fernsehen.

В ПОЕЗДКЕ ПО РОССИИ

2.1   Заказ гостиницы через интернет *(иллюстрация)* 24

2.2   Вас встречают в аэропорту: small talk 25

2.3   Знакомство 29

2.4   Маленькая энциклопедия русской кухни.................... 31

2.5   В ресторане 35

2.6   Обмен тостами.. 37

2.7   Экономико-географическая характеристика
      территории на примере Липецкой области 40

2.1. ЗАКАЗ ГОСТИНИЦЫ ЧЕРЕЗ ИНТЕРНЕТ

Чтобы забронировать номер в нашем отеле, Вы можете воспользоваться формой, приведенной ниже, либо забронировать номер по телефону или факсу. Обратите внимание, что поля, помеченные значком (*) нужно заполнить в обязательном порядке. Мы гарантируем, что предоставленная Вами информация полностью защищена и не будет передана третьим лицам или использована сторонними организациями.

Информация о персоне

Обращение

* Фамилия, Имя, Отчество

Название компании, фирмы

Адрес

* Телефон (с кодами региона и страны)

Факс (с кодами региона и страны)

E-mail

* Способ оплаты   Наличные

Информация по бронированию

* Дата приезда
(день/месяц/год)

* Дата отъезда
(день/месяц/год)

Количество взрослых   1

Количество детей   Нет

Тип комнаты   одноместный стандартный номер

Комментарии

Отправить   Очистить   http://www.president-hotel.ru/pages/order.html

	Обращение: Господин, Госпожа, Товарищ
ВАРИАНТЫ:	Способ оплаты: Безналичные, Кредитная карта
	Тип комнаты: делюкс, полулюкс, люкс, апартаменты

2.2. ВАС ВСТРЕЧАЮТ В АЭРОПОРТУ, SMALL TALK

Во время делового общения русские предпочитают сразу приступать к делу и на общие темы говорят не очень охотно, но бывают ситуации, когда без этого нельзя обойтись. Например, по дороге в гостиницу, если вас встречает в аэропорту сотрудник русской фирмы. *Bei geschäftlichen Besprechungen ziehen es Russen vor, gleich zur Sache zu kommen, und reden nicht gerne über allgemeine Themen, aber es gibt auch Situationen, wo man ohne sie nicht auskommt. Zum Beispiel auf dem Weg zum Hotel, wenn Sie ein Mitarbeiter einer russischen Firma vom Flughafen abgeholt hat.*

☻ Герберт Дорфер, немецкий бизнесмен

☺ Алексей Казаков, сотрудник фирмы «Гигант».

☻ Здра́вствуйте, моя фами́лия До́рфер. Ге́рберт До́рфер.

☺ Здра́вствуйте, о́чень прия́тно! Алексе́й. Дава́йте я вам помогу́!

☻ Спаси́бо, **я сам**, у меня́ не тяжёлый чемода́н.

☺ **Как вы долете́ли**?

☻ Спаси́бо, норма́льно.

☺ Куда́ пое́дем?

☻ В гости́ницу «Президе́нт».

☺ А-а-а, это в це́нтре, недалеко́ от Кремля́. **Если не бу́дет про́бки**, дое́дем за 40 мину́т. Сейча́с вре́мя тако́е, **час пик**, все е́дут с рабо́ты.

☻ Поня́тно. Алексе́й, а кака́я пого́да в Москве́? Наде́юсь, не о́чень хо́лодно?

☺ **Да нет**, не о́чень. Ми́нус шесть и снег идёт. А вы уже́ бы́ли когда́-нибудь в Росси́и?

☻ Да, уже́ три ра́за, но то́лько в Москве́. Вот в э́тот раз хочу́ пое́хать в Сиби́рь и на Ура́л, **завяза́ть конта́кты**. Жена́, **пра́вда**, не о́чень дово́льна, **когда́ я надо́лго уезжа́ю** и **де́ти без меня́ скуча́ют**.

☺ А ско́лько у вас дете́й?

☻ **Дво́е**. Дочь и сын. Сы́ну де́сять, а до́чка ещё ма́ленькая, ей **всего́ три го́да**. Алексе́й, вы зна́ете, каки́е у нас пла́ны **на ближа́йшее вре́мя**?

☺ Сего́дня **отдохнёте с доро́ги**, а за́втра пока́жем вам на́шу фи́рму.

КОММЕНТАРИИ

я сам: ich mach's selbst
он сам, она сама, оно само, они сами = selbst, selber.

как вы долетели: wie war der Flug. *Wörtlich*: Wie sind Sie hergeflogen?
Vgl.: **как вы доехали** – wie war die Reise.

если не будет пробки: wenn es keinen Stau gibt (geben wird). Verneinung
– daher steht «пробка» im 2. Fall.

час пик: Stoßzeit

да нет: *(umgangssprachlich)* überhaupt nicht, gar nicht

завязать контакты: Kontakte knüpfen

правда: *(hier)* zwar, freilich

когда я надолго уезжаю (uv.): wenn ich auf lange Zeit verreise. *Infinitiv
(uv.):* уезжать. *Infinitiv (v.):* уехать (я уеду, ты уедешь; они уедут).

дети без меня скучают: ich fehle den Kindern

двое: zwei (Kinder). Sammelzahlwort, muss verwendet werden, wenn das
Substantiv ein Pluralwort ist. *Bsp.*: трое детей, двое часов. Aber auch: нас трое
(четверо, пятеро, ...) – wir sind zu dritt (zu viert, zu fünft, ...).

ей всего три года: sie ist erst drei Jahre alt

на ближайшее время: in der nächsten Zeit.

отдохнёте с дороги: ruhen Sie sich von der Reise aus

Für den Weg vom Flughafen in die Stadt sollte man nicht das erstbeste Taxi
nehmen. Das ist teuer und manchmal nicht ungefährlich. Günstiger ist es,
sich abholen zu lassen.

Упражнение 1. Спросите вашего партнёра. *Fragen Sie Ihre/n Partner/in:*

- Wie die Reise war.
- Ob sein/ihr Koffer schwer ist.
- Wie das Wetter in seiner/ihrer Heimatstadt ist.
- Ob er/sie schon mal in .... war.
- Ob er/sie Kinder hat, und wenn, wie viele.
- Welche Pläne er/sie für morgen hat.

⬤ In russischen Großstädten sollte man lieber nicht selber Auto fahren. Das ist gefährlich, denn viele Autofahrer sind genervt, fahren sehr aggressiv und missachten manchmal die Verkehrsregeln.

Упражнение 2. Вставьте подходящие слова или фразы из диалога. *Fügen Sie passende Wörter oder Phrasen aus dem Dialog ein.*

1) Это ваш чемода́н? Дава́йте, я вам .... 2) Извини́те, я опозда́л, я е́хал на маши́не, и на Садо́вом Кольце́ была́ огро́мная .... 3) – Како́й у вас краси́вый дом!   – Спаси́бо, мы .... его постро́или! 4) Я обы́чно не е́зжу на метро́ в ...., там сли́шком много люде́й. 5) Когда́ дире́ктор нашей фи́рмы была́ в Росси́и, она́ .... со мно́гими ру́сскими бизнесме́нами. 6) Вы о́чень уста́ли, вам на́до .... 7) Мы ...., что переговоры пройду́т успе́шно.

⬤ Wenn Sie in Russland Auto fahren, seien Sie auf zahlreiche Polizeikontrollen gefasst. Besonders vor Festen wie Weihnachten oder Ostern scheint die Polizei ein kleines Zusatzeinkommen gut gebrauchen zu können.

Упражнение 3.   Разыгра́йте следующий диалог.

Führen Sie einen Dialog nach folgenden Angaben:

☺ Вы в пе́рвый раз прилете́ли в Сиби́рь. Организа́цию ва́шей пое́здки взяла́ на себя́ ме́стная компа́ния. В аэропорту́ Новосиби́рска вас встреча́ет её сотру́дник. Узна́йте у него́ всё, что вас интересу́ет.

☻ Ваш шеф попроси́л вас встре́тить австри́йского бизнесме́на в аэропорту́ и отвезти́ в гости́ницу. Для него́ зака́зан но́мер в гости́нице «Сиби́рь» в це́нтре го́рода. Поговори́те с ним, отве́тьте на его́ вопро́сы.

Как говоря́т в Росси́и - Wie sagt man in Russland

Es gibt im Russischen natürlich viele Redewendungen, die sich auf das kalte Klima beziehen. Hier sind einige davon:

Я /совсе́м/ замёрз(ла)	→ ich friere (bin ganz erfroren)
окочене́л(а)	→ ich bin erstarrt
Я продро́г(ла) до косте́й	→ ich bin bis auf die Haut erfroren
У него́ зуб на зуб не попада́ет!	→ er klappert mit den Zähnen vor Kälte

Упражнение 4. Допишите предложения до конца и вы узнаете, что русские обычно говорят о погоде. *Ergänzen Sie die Sätze und dann wissen Sie auch schon, was die Russen gewöhnlich über das Wetter sagen.*

погода прекрасная!   **жуткий мороз!**   **ужасная жара!**

ТУМАН!   **ну и погода!**   **настоящая зима!**

Дождь проливно́й, ве́тер, хо́лодно, ...   Совсе́м ничего́ не ви́дно, ...

_____   _____

Снег идёт, тако́й густо́й, ...   **Со́лнце печёт, ду́шно, не́чем дыша́ть, ...**

_____   _____

Бр-р-р, как хо́лодно,...   Тепло́, со́лнце, ...

_____   _____

жу́ткий моро́з	– entsetzliche Kälte
ужа́сная жара́	– schreckliche Hitze
ну и погода	– was für ein Wetter!
дождь проливно́й	– strömender Regen
снег идёт, тако́й густо́й	– es schneit, so dicht
со́лнце печёт	– die Sonne brennt
ду́шно, не́чем дыша́ть	– schwül, man kann kaum atmen

2.3. ЗНАКОМСТВО

Чтобы корректно представить незнакомых людей друг другу, достаточно выучить пару простых фраз. *Für die korrekte Vorstellung genügt es, ein paar einfache Phrasen zu lernen.*

☻ Герберт Дорфер	☽ Алла Дёмина
☺ Олег Пахомов	🕊Андрей Иванович Птицын

☺ Ге́рберт, я хочу́ предста́вить вам сотру́дников на́шей фи́рмы. **Познако́мьтесь пожа́луйста**, это А́лла Дёмина, наш ме́неджер по прода́жам.

☻ А мы уже́ знако́мы! Мы встреча́лись на междунаро́дной я́рмарке во Фра́нкфурте.

☽ Да, коне́чно, **в про́шлом году́**. Я вас по́мню. Ваш стенд был ря́дом с на́шим. О́чень ра́да вас ви́деть.

☻ Я то́же о́чень рад!

☺ А это наш гла́вный инжене́р, **он руководи́т произво́дством**.

🕊Андре́й Ива́нович Пти́цын. **Мо́жно про́сто Андре́й**.

☻ О́чень прия́тно познако́миться. Ге́рберт До́рфер. Я из фи́рмы «Полино́рм».

🕊 Да-да, я мно́го слы́шал о ва́шей фи́рме. Очень рад, что вы хоти́те сотру́дничать с на́ми.

☺ Ге́рберт, сейча́с на́ши сотру́дники пока́жут вам фи́рму, а по́сле э́того мы встре́тимся здесь, у меня́ в кабине́те.

КОММЕНТАРИИ

я хочу представить вам: ich möchte Ihnen ... vorstellen

познакомьтесь, пожалуйста: darf ich bekannt machen. *Wörtlich:* machen Sie sich, bitte, bekannt.

в прошлом году: voriges Jahr. *Vgl.:***в сле́дующем году** - nächstes Jahr.

он руководит производством: er leitet die Produktion. Das Verb «руководить» verlangt den 5. Fall. *Nom. Sing.:* произво́дство

можно просто Андрей: *(umgangsprachlich)* sagen Sie einfach Andrej

Как говорят в России - Wie sagt man in Russland

Im Russischen gibt es viele Berufsbezeichnungen, die nur in der männlichen Form vorkommen. Beispiel: der Arzt, die Ärztin = **врач**. Ärzte werden übrigens nicht mit „Herr/Frau Doktor", sondern einfach mit dem Namen angesprochen.

Weitere Beispiele:

1. **Административные и должностные названия – Amtsbezeichnungen und Dienstgrade:** адвокат, депутат, дипломат, директор, консультант, министр, мэр *(Bürgermeister)*, посол, президент, прокурор, референт, советник, эксперт, представитель, заместитель, председатель, профессор, доцент, академик *(Akademiemitglied)*.

2. **Обозначения ученых степеней – Bezeichnungen der akademischen Grade:** кандидат наук *(Dr.)*, доктор наук *(Dr. habil.)*.

In Russland ist es nicht üblich, akademische oder andere Titel zu verwenden. Allerdings sollte man bei der Vorstellung die Funktion des Vorgestellten erwähnen.

☞ Man schüttelt sich nicht jedes Mal die Hand, wenn man sich trifft, sondern nur bei der ersten Vorstellung, oder auch, wenn man sich lange Zeit nicht gesehen hat.

Упражнение 5. Разыграйте следующий диалог.
Führen Sie einen Dialog nach folgenden Angaben:

☺ В аэропорту во Владивостоке вас встречает генеральный директор русской фирмы, с которым вы уже знакомы. С вами прилетел ваш русский коллега, начальник московского офиса вашей фирмы. Представьте его.

☻ Вы приехали в аэропорт вместе со своей секретаршей, чтобы встретить вашего партнёра. Он прилетел из Москвы с человеком, которого вы не знаете. Познакомьтесь, представьте свою секретаршу.

☞ Ein Herr schüttelt einer Dame nur dann die Hand, wenn sie die Initiative ergreift und ihm zuerst die Hand reicht.

2.4. МАЛЕНЬКАЯ ЭНЦИКЛОПЕДИЯ РУССКОЙ КУХНИ

Русская кухня на протяжении своей долгой истории вобрала в себя множество кулинарных традиций – от татаро-монгольской до французской, – став в результате одной из самых разнообразных кухонь мира. *Die russische Küche hat im Lauf ihrer langen Geschichte vieles aus verschiedenen kulinarischen Traditionen – von der tatarisch-mongolischen bis zur französischen – übernommen und kreativ weiter entwickelt. Das Ergebnis ist eine der abwechslungsreichsten Küchen der Welt.*

Закуски – Vorspeisen

Винегре́т – Salat aus gekochten, kleingeschnittenen roten Rüben, Kartoffeln, Karotten, Salzgurken, Zwiebeln.

Чёная икра́ - Kaviar aus Störrogen

Кра́сная икра́ - Kaviar aus Lachsrogen

Осетри́на – Stör	**Лосось** – Lachs
Сте́рлядь – Sterlet	**Горбу́ша** – Buckellachs
Белу́га – Hausen	**Сёмга** – gemeiner Lachs, Salm

Соле́нья   - pikant eingelegte Speisen

Ква́шеная капу́ста – eingelegtes Kraut

Солёные грибы́ – eingelegte Pilze

Солёные/малосо́льные огурцы́ – Salzgurken/ milde Salzgurken

Сту́день/Холоде́ц – Sülze

Пироги́ – Pirogen. Teigtaschen aus Germ-/Hefeteig mit verschiedenen Füllungen: Fisch oder Fleisch, Geflügel, Wild, Pilzen, Gemüse, Topfen, oder als Süßspeise mit Obst, Beeren

Пирожки́ – kleine Pirogen

Супы – Suppen

Уха́ – Fischsuppe

Соля́нка – Saure Suppe aus Fisch oder Fleisch, mit Kraut, Zwiebeln, Salzgurken und scharfen Gewürzen.

Щи́ – Rindsuppe aus frischem Kraut oder Sauerkraut.

Борщ – Gericht der ukrainischen und russischen Küche: Suppe aus Fleisch, roten Rüben (unabdingbar) und anderen Gemüsen.

Горячие блюда – Warme Speisen

Жарко́е – Braten.

Котле́та по ки́евски – Gefüllte, gebackene Hühnerbrust.

Шашлы́к – Gegrillter Spieß aus marinierten Fleischstücken (meist Lamm, Schwein, seltener Rindfleisch).

Плов – Hauptgericht der mittelasiatischen Völker: Reis mit Lamm, Gemüse, Früchten und Gewürzen**.**

Пельме́ни – Kleine, gekochte Teigtaschen, gefüllt mit faschiertem Fleisch (Rind, Lamm oder Schwein), darüber Sauerrahm, Butter und Essig.
Варе́ники – Ukrainisches Gericht: größere Teigtaschen mit verschiedenen Füllungen, z.B. Topfen oder Beeren, Kartoffeln, Pilze, besonders beliebt mit Sauerkirschen.
Блины́ – Pfannkuchen aus Germteig;   **Бли́нчики** – Palatschinken

Напитки – Getränke

Морс – Saft aus Beeren (besonders beliebt ist «клюквенный морс» aus Moosbeeren) mit Wasser verdünnt.
Квас – Leicht gegorener, säuerlicher Brottrunk, für den europäischen Geschmack anfangs sehr ungewohnt, aber auf jeden Fall erfrischend und sehr gesund.
Сби́тень – Heißes Getränk aus Honig mit Gewürzen.

> «Соле́нья» sind nicht, wie in den meisten Wörterbüchern steht, Sauergerichte, d.h. in Essig eingelegt, sondern sie werden vielmehr in Salzlake mit Gewürzen eingelegt.

Упражнение 6. Как называются эти блюда? *Wie nennt man diese Gerichte?*

фарширо́ванное кури́ное мя́со в пани́ро́вке _____
суп из ры́бы _____
суп из капу́сты _____
сала́т из отварны́х овоще́й _____
ки́сло-сла́дкий напи́ток из я́год _____
напи́ток из хле́ба _____
рис с бара́ниной _____
ру́сские «равио́ли» _____

МЯСО   *ПТИЦА*

МЯСО	ПТИЦА
говя́дина	ку́рица
теля́тина	инде́йка
свини́на	у́тка
бара́нина	гусь

Упражнение 7. Заполните кроссворд. *Füllen Sie das Kreuzworträtsel aus.*

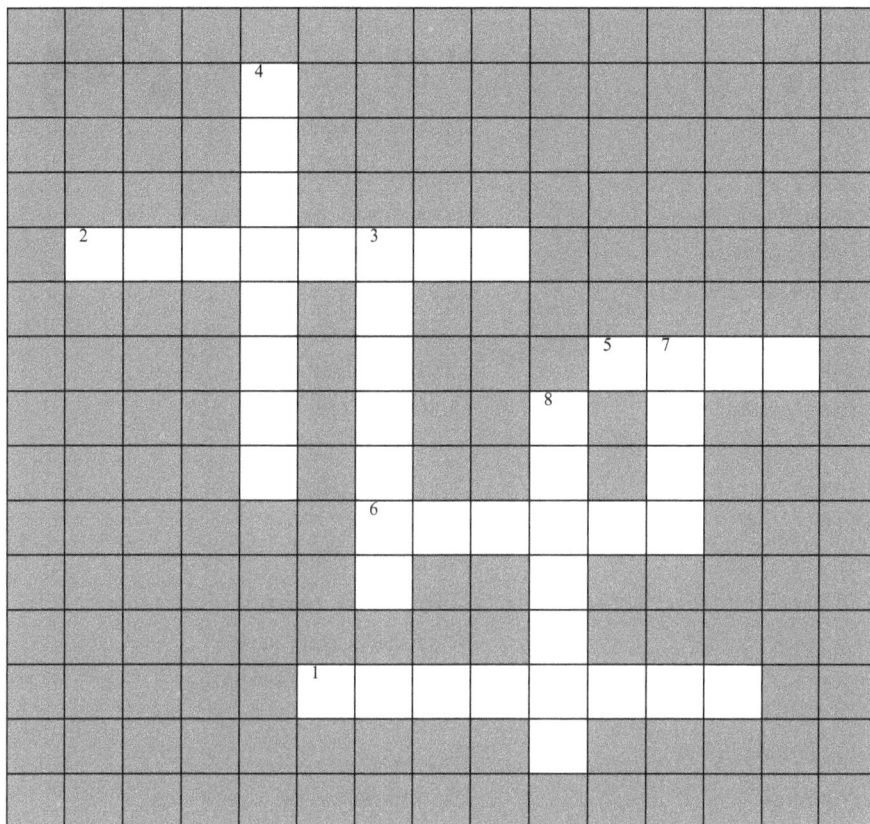

1. Das braucht man für Pilav.
2. Daraus macht man Gulasch.
3. Das essen Amerikaner zu „Thanksgiving".
4. Daraus wird das traditionelle Wienerschnitzel gemacht.
5. Das wird in Europa zu Weihnachten gegessen.
6. Das billigste Geflügel.
7. Ein in China beliebtes Geflügel.
8. Moslems dürfen das nicht essen.

Ресторан «Русский стол»

МЕНЮ

Закуски

Икра осетровая

Икра лососевая

Винегрет с сельдью

Сельдь по-русски

Студень из говядины и свинины

Телячий язык с хреном

Соленья русские

Салат из свежих овощей

Русский салат

Блины с икрой

Блины с семгой

Грибы, запеченные в сметане

Рыба в тесте "кляр"

Пирожки

Первые блюда

Суп грибной

Уха «Волжская»

Солянка рыбная

Солянка мясная

Щи «Уральские»

Борщ украинский

Куриный бульон с пирожками

Вторые блюда

Жаркое «По-домашнему»

Шашлык из баранины

Шашлык из свинины

Бефстроганов

Стерлядь в белом вине

Утка «По-Царски»

Пельмени сибирские

Котлета по-киевски

Осетрина «По-русски»

Гарниры

Картофель отварной

Картофель жареный

Картофель запеченный

Рис

Цветная капуста

Гарнир овощной холодный

Десерт

Ваза свежих фруктов

Фруктовый коктейль

Блины с мороженым и ягодами

Блины с медом

Упражнение 8. Что вы закажете? *Was bestellen Sie?*

на закуску _____

на первое _____

на второе _____

на десерт _____

2.5. В РЕСТОРАНЕ

Так же как и во многих других странах, в России застольная беседа – важный элемент делового общения, а для Вас это еще и возможность попробовать типичные русские блюда. *Geschäftsessen gehören in Russland, wie anderswo auch, einfach dazu. Nutzen Sie die Gelegenheit, einige russische Spezialitäten zu probieren.*

☻ Герберт Дорфер
☺ Алла Дёмина, сотрудница сибирской фирмы
О Официантка

О Добрый ве́чер, вам сто́лик на двои́х?

☻ Да, пожа́луйста, и е́сли мо́жно, **где-нибу́дь, где не шу́мно.**

О Пожа́луйста, пройди́те сюда́, **здесь вам никто́ не помеша́ет**.

*****

☺ **Да́же и не зна́ю**, что заказа́ть, здесь **тако́й большо́й вы́бор**. Вы, наве́рное, в э́том рестора́не уже́ не в пе́рвый раз, **что бы вы мне посове́товали**?

☻ Вы бо́льше ры́бу лю́бите или мя́со?

☺ Я – мя́со, осо́бенно свини́ну.

☻ Тогда́ я вам сове́тую взять **шашлы́к из свини́ны**, это о́чень вку́сно. Сам-то я обы́чно ры́бу зака́зываю, у вас в Росси́и ры́ба замеча́тельная!

О **Вы уже́ вы́брали**?

☻ Да. Мы хоти́м попро́бовать ра́зные заку́ски, поэ́тому принеси́те, пожа́луйста, **всего́ понемно́гу**. И буты́лку во́дки. А́лла, вы лю́бите клю́квенный морс?

☺ Коне́чно, **кто же его́ не лю́бит**?

☻ Тогда́, ещё морс и минера́льной воды́.

О Так, а горя́чее?

☻ Пожа́луйста, **стерля́дку** в бе́лом вине́ «по-ца́рски».

☺ А мне́ - шашлы́к из свини́ны.

КОММЕНТАРИИ

где-нибудь, где не шумно: einen ruhigen Platz. *Wörtlich:* irgendwo, wo es nicht laut ist.

здесь вам никто не помешает: hier stört Sie niemand *(im Russischen doppelte Verneinung)*

даже и не знаю: *(umgangsprachlich)* ich weiß nicht einmal

такой большой выбор: so große Auswahl

что бы вы мне посоветовали: was würden Sie mir empfehlen

шашлык из свинины: gegrillter Spieß aus Schweinefleisch

вы уже выбрали: haben Sie schon gewählt

всего понемногу: von allem ein wenig

кто же его не любит: wer mag das nicht?

стерлядку: Diminutiv von «стерлядь» (Sterlet)

In vielen Restaurants mit traditionellen russischen Gerichten verwendet man die Verkleinerungsform, besonders für Vorspeisen und bestimmte Gemüsearten. Anstatt «огурцы́, лук, грибы́, селёдка, сёмга, карто́шка» steht in der Speisekarte «огурчики, лучок, селёдочка, грибочки, сёмужка, картошечка». Das klingt nach "hausgemacht und sehr wohlschmeckend"

«Закуски» sind besonders schmackhaft und gehören fast obligatorisch zum Wodka (und umgekehrt!)

Упражнение 9. Узнайте у вашего партнёра, что он больше любит.
Fragen Sie Ihren Partner, was er lieber mag.

Пример:

☺ Како́й хлеб вы бо́льше лю́бите, бе́лый или чёрный?

● Чёрный, а вы?

☺ А я бе́лый/Я то́же чёрный

- бе́лое вино́ – кра́сное вино́
- чёрную икру́ – кра́сную икру́
- кре́пкий чай – сла́бый чай
- хорошо́ прожа́ренный бифштекс – бифште́кс с кро́вью
- жа́реную карто́шку – варёную карто́шку
- сла́дкое шампа́нское – сухо́е шампа́нское
- тёмное пи́во – све́тлое пи́во

Упражнение 10. *Разыграйте следующий диалог. Используйте меню на странице 34. Führen Sie einen Dialog nach folgenden Angaben. Verwenden Sie dabei die Speisekarte auf Seite 34.*

☺ Вы вегетарианец и плохо знаете русскую кухню. Вы хотите заказать закуску, первое и второе блюдо. Попросите официанта помочь вам сделать правильный выбор.

☻ Вы работаете официантом в ресторане с русской кухней. Ваш иностранный клиент не ест мясо. Предложите ему возможные варианты заказа.

Упражнение 11. *Разыграйте следующий диалог. Используйте меню на странице 34. Führen Sie einen Dialog nach folgenden Angaben. Verwenden Sie dabei die Speisekarte auf Seite 34.*

☺ Sie haben Ihren Kunden aus dem Fernen Osten in Moskau in ein Restaurant eingeladen, in dem Sie oft einkehren. Finden Sie heraus, was er mag, und helfen Sie ihm bei der Bestellung.

☻ Sie wurden in ein teures Moskauer Restaurant eingeladen. Die Speisekarte ist sehr umfangreich; Sie wissen nicht, was Sie bestellen sollen und verlassen sich lieber auf Ihren Gastgeber. Beantworten Sie seine Fragen und treffen Sie Ihre Wahl.

2.6. ОБМЕН ТОСТАМИ

В России во время застолья, неважно, делового или дружеского, обязательно произносятся тосты, такова традиция. *Wenn man in Russland in Gesellschaft speist, egal ob geschäftlich oder im Freundeskreis, so ist es Tradition, Trinksprüche auszubringen.*

☻ Герберт Дорфер
☺ Ольга Новикова, директор фирмы «Гигант»

☺ Мы собрались здесь, **чтобы отметить** окончание выставки, которая прошла для нас очень успешно! **Среди нас** находится господин Дорфер, представитель фирмы «Полинорм». Я хочу выпить за **партнёрские отношения,** которые установились у нас с этой фирмой и **которые мы очень ценим. За наши общие успехи!**

*****

☻ Уважаемые дамы и господа, уважаемые сотрудники фирмы «Гигант»! Я уже не в первый раз приезжаю в Россию и очень люблю вашу страну. Предлагаю тост за процветание вашей фирмы и за наше **дальнейшее сотрудничество!**

КОММЕНТАРИИ

чтобы отметить: um zu feiern, чтобы + Infinitiv = um ...zu

среди нас: unter uns

партнёрские отношения: partnerschaftliche Beziehungen

которые мы очень ценим: die wir sehr schätzen

за наши общие успехи (pl.): auf unseren gemeinsamen Erfolg

дальнейшее сотрудничество: weitere Zusammenarbeit

Wenn Sie in Russland zum Essen eingeladen sind, werden Sie von Ihren Gastgebern in zahlreichen Trinksprüchen mit freundlichen Wünschen, Lob und schmeichelhaften Worten überhäuft. Da ist es gut, wenn Sie selbst auch immer einen guten Trinkspruch parat haben.

Упражнение 12. Определите, в какой из ситуаций, какие тосты уместно произнести. *Stellen Sie fest, welcher Toast in welcher Situation angebracht ist.*

A в гостях у знакомых
B на официальном приеме для сотрудников и партнеров фирмы
C в любой ситуации

- За ва́шу фи́рму, за её замеча́тельных сотру́дников! ☐
- Предлага́ю тост за успе́х на́шего прое́кта! ☐
- За хозя́йку э́того до́ма, кото́рая пригото́вила тако́й роско́шный стол! ☐
- За на́ше сотру́дничество! **B**
- Уважа́емые хозя́ева, я хочу́ вы́пить за ваш гостеприи́мный дом! ☐
- За прекра́сного руководи́теля и челове́ка Серге́я Степа́новича! ☐
- Дороги́е друзья́, за вас, за ва́ше здоро́вье и успе́хи! ☐
- Дава́йте вы́пьем за на́шу встре́чу! ☐
- Предлага́ю вы́пить за здоро́вье всех прису́тствующих ☐
- Я хочу́ подня́ть э́тот бока́л за дру́жбу! ☐
- За ми́лых же́нщин / за прекра́сных дам! ☐

Es wird immer auf die schönen Frauen getrunken, komischerweise nicht „auf die tüchtigen Männer".

Russen schätzen es sehr, wenn Ausländer sich positiv über ihre geschäftlichen und professionellen Qualitäten äußern, daher macht ein entsprechender Trinkspruch immer einen optimalen Eindruck.

Упражнение 13. Разыграйте следующий диалог.

Führen Sie einen Dialog nach folgenden Angaben:

☺ Sie haben Ihren russischen Partner zum Essen eingeladen, um den Abschluss eines aus langen und schweren Verhandlungen hervorgegangenen Vertrages zu feiern. Es geht um den Verkauf eines großen Teils Ihrer Produktion an die russische Firma, welche diese Waren auf dem russischen Markt weiterverkaufen wird. Geben Sie einen passenden Trinkspruch aus.

● Sie haben gerade einen Vertrag unterschrieben über den Kauf einer großen Warenmenge von einem westlichen Hersteller, in der Hoffnung, dass diese Firma ihre Waren auch in Zukunft über Sie auf dem russischen Markt vertreiben wird. Ihr Partner hat gerade den ersten Toast ausgesprochen. Antworten Sie ihm mit einem passenden Trinkspruch.

Как делают в России - Wie macht man es in Russland

Тосты: традиция русского застолья

Тост – это призыв к собравшимся за праздничным столом за что-то или за кого-то выпить. Если приём посвящён особо торжественному случаю, тосты произносятся стоя. Традиционно застолье начинается с тоста, после него выпивается первая рюмка и только после этого можно приступать к еде. Первый тост обычно произносит хозяин или организатор застолья, и, если за столом присутствует иностранный гость, то от него ожидается ответный тост. Очень важно, как произносится тост – тёплая улыбка, неформальный, дружеский тон помогают установить наилучший контакт с публикой.

Trinksprüche - eine Tradition beim russischen Festessen

Ein Toast, das ist die Aufforderung an die um eine festliche Tafel versammelte Runde, auf jemanden oder auf etwas das Glas zu leeren. Bei besonders feierlichen Anlässen werden die Trinksprüche stehend ausgebracht. Jedes festliche Mahl beginnt traditionell mit einem Trinkspruch, darauf wird das erste Glas geleert, und erst dann wird mit dem Essen begonnen. Den ersten Toast bringt gewöhnlich der Gastgeber aus, und wenn sich am Tisch ein ausländischer Gast befindet, wird von diesem der nächste Trinkspruch erwartet. Es ist sehr wichtig, wie ein Trinkspruch ausgebracht wird: ein aufrichtiges Lächeln, ein ungezwungener, freundschaftlicher Ton helfen, den besten Kontakt zu den Zuhörern herzustellen.

2.7. ЭКОНОМИКО-ГЕОГРАФИЧЕСКАЯ ХАРАКТЕРИСТИКА ТЕРРИТОРИИ НА ПРИМЕРЕ ЛИПЕЦКОЙ ОБЛАСТИ

Общая информация

Областно́й центр:	Го́род Ли́пецк.
Террито́рия:	Пло́щадь – 24,1 тыс.км^2 .
Населе́ние:	1) Чи́сленность – 1 235 тыс. чел. 2) Пло́тность населе́ния – 51 чел./км2. 3) До́ля городско́го населе́ния – 64,8 % .
Кру́пные города́:	Ли́пецк (518,6), Еле́ц (118,7), Гря́зи (48,0) в тыс. чел.
Минера́льные ресу́рсы:	Строи́тельные материа́лы, доломи́ты, торф

Промы́шленность - Industrie

<u>**Структура промышленного производства, %**</u>

Основны́е ви́ды промы́шленной проду́кции

- Холоди́льники и морози́лки
- Видеомагнитофо́ны
- Радиа́торы и конве́кторы
- Ва́нны
- Чугу́н, сталь
- Консе́рвы фрукто́вые
- Тра́кторы
- Тру́бы
- Кокс
- Оде́жда и о́бувь

Кру́пные промы́шленные предприя́тия

АО Новоли́пецкий металлурги́ческий комбина́т

АО Ли́пецкий тра́кторный заво́д

АО Ли́пецкий тру́бный заво́д

АО Ли́пецкий ста́нкозавод

АО Металлурги́ческая компа́ния «Со́кол»»

Еле́цкий мясокомбина́т

Сельское хозяйство - Landwirtschaft

Доля растениеводства – 50 %, доля животноводства – 50%

Продукция

зерно    мясо   картофель

овощи   молоко    яйца

Население и трудовые ресурсы – Bevölkerung und Arbeitskräfte

Структура занятости населения, %

прочие 10%
здравоохранение 7%
образование, наука, культура и искусство 10%
торговля и общепит 9%
транспорт 7%
строительство 10%
сельское хозяйство 18%
промышленность 29%

Рождаемость – 8%   **Общая безработица** – 6,3 %

Смертность – 15,6%

Внешнеэкономическая деятельность – Außenwirtschaft

Внешнеторговый оборот – 1210,7 млн. долларов США

Импорт – 159,1 млн. долларов США. Основные страны-импортёры: Германия, Украина, Италия, Нидерланды, Франция, Финляндия.

Экспорт – 1051,6 млн. долларов США. Продукция области экспортируется в 46 стран, в том числе в США (39%), Турцию (28%), Малайзию (17%), Финляндию (2%), Германию (2%) и Иран (1%).

Упражнение 14. Отметьте правильные и неправильные утверждения. *Bestimmen Sie, welche Aussagen richtig und welche falsch sind.*

	да	нет

- Бо́льшая часть населе́ния о́бласти занята́ в промы́шленности. ☐ ☐
- В структу́ре сельскохозя́йственного произво́дства животново́дство игра́ет гла́вную роль. ☐ ☐
- Сме́ртность в регио́не почти́ в два ра́за бо́льше чем рожда́емость. ☐ ☐
- Коли́чество городски́х жи́телей ме́ньше, чем коли́чество се́льских. ☐ ☐
- Внешнеторго́вый бала́нс о́бласти – положи́тельный / позити́вный ☐ ☐
- О́бласть импорти́рует большо́е коли́чество проду́кции из США. ☐ ☐
- Поле́зные ископа́емые игра́ют о́чень ва́жную роль в эконо́мике о́бласти. ☐ ☐

Упражнение 15. Заполните анкету о регионе в котором вы живёте. *Füllen Sie einen Fragebogen über die Region, in der Sie leben, aus.*

Назва́ние регио́на: _____

Террито́рия (пло́щадь): _____

Населе́ние: _____

Гла́вный го́род: _____

Промы́шленность:	Industrie:
o электроэнерге́тика	*Stromerzeugung*
o то́пливная промы́шленность	*Brennstoffindustrie*
o чёрная и цветна́я металлурги́я	*Schwarz – (Eisen-) und Buntmetallurgie*
o хими́ческая промы́шленность	*chemische Industrie*
o машинострое́ние	*Maschinenbau*
o приборострое́ние	*Gerätebau*
o деревообраба́тывающая промы́шленность	*holzverarbeitende Industrie*
o произво́дство строи́тельных материалов	*Erzeugung von Baumaterialien*
o лёгкая промы́шленность	*Leichtindustrie*
o пищева́я промы́шленность	*Nahrungsmittelindustrie*
o высо́кие техноло́гии	*High Technology*

Минеральные ресурсы:	Bodenschätze:
o у́голь	Kohle
o торф	Torf
o нефть	Erdöl
o газ	Gas
o желе́зная руда́ (желе́зо)	Eisenerz (Eisen)
o благоро́дные мета́ллы: серебро́, зо́лото	Edelmetalle: Silber, Gold
o цветны́е мета́ллы: цинк, медь, ни́кель	Buntmetalle: Zink, Kupfer, Nickel
o ре́дкие мета́ллы: ртуть, молибде́н	seltene Metalle: Quecksilber, Molybdän
o строи́тельные материа́лы: песо́к, гли́на	Baustoffe: Sand, Ton
o соль	Salz
o графи́т	Grafit
o минера́льные во́ды	Mineralwässer
o други́е: _____	andere: _____

Проду́кция се́льского хозя́йства: _____

И́мпортная проду́кция: _____

Э́кспортная проду́кция: _____

Упражне́ние 16. Расположите следующие виды хозяйственной деятельности в порядке убывания их значимости для экономики вашего региона. *Ordnen Sie die folgenden Branchen in der Reihenfolge ihrer Bedeutung für die Wirtschaft Ihrer Region.*

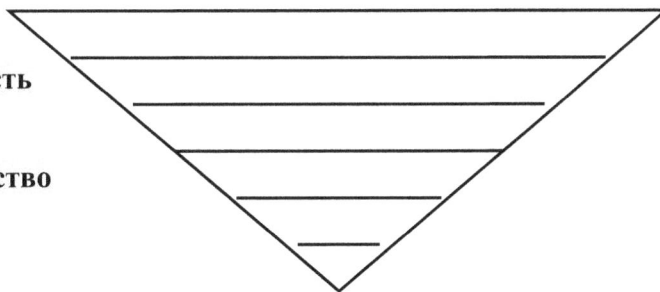

строи́тельство

промы́шленность

тра́нспорт

се́льское хозя́йство

тури́зм

торго́вля

Упражнение 17

А. Распределите следующий список товаров и услуг по категориям. Приведите свои примеры. *Ordnen Sie die nachstehend aufgezählten Waren und Dienstleistungen den entsprechenden Kategorien zu. Fügen Sie jeweils eigene Beispiele hinzu.*

мото́ры, университе́т, архитекту́рный па́мятник, фи́тнесс-клуб, сталь, ме́бель, конце́ртный зал, пи́во, микрочи́пы, холоди́льники, куро́рт, полиме́ры, косме́тика, казино́, стадио́н, ка́бель, музе́й, ваго́ны

- Промы́шленные това́ры

....

- Това́ры ма́ссового потребле́ния

....

- О́тдых, развлече́ния и спорт

....

- Образова́ние, нау́ка и культу́ра

....

Б. Составьте список продукции и услуг, которые производятся или предлагаются в вашем городе или регионе, и которые известны за его пределами. *Erstellen Sie eine Liste der Produkte und Dienstleistungen, die in Ihrer Region hergestellt bzw. angeboten werden und die auch über die Grenzen der Region hinaus bekannt sind.*

НА ВЫСТАВКЕ

3.1   Приглашение на выставку 46

3.2   У стенда: диалог с потенциальным заказчиком 48

3.3   Типичные методы платежа в торговле с Россией 53

3.4   Условия поставки: Incoterms 55

3.5   Ситуация на рынке 58

3.6   Письмо-благодарность в связи
с окончанием выставки 63

3.1. ПРИГЛАШЕНИЕ НА ВЫСТАВКУ

Уважаемые дамы и господа!

Фирма «ПОЛИНОРМ» – **один из крупнейших** в Европе производителей полимеров будет в этом году представлять на выставке ПЛАСТЭКСПО в Москве с 22-го по 25-го февраля **свою** известную во всём мире **продукцию**.

В приложении Вы найдёте подробную информацию о нашей фирме и её изделиях. Мы будем очень рады увидеть Вас **у нашего стенда,** рассказать Вам **о преимуществах** нашей продукции и ответить на Ваши вопросы. Мы уверены, что **Вам стоит** посетить наш стенд в павильоне № 2! Ждем Вас в надежде на **плодотворное деловое общение**.

С уважением,

_____

Герберт Дорфер,
менеджер по продажам

Приложение: Проспекты и каталоги

КОММЕНТАРИИ

один из крупнейших: einer der größten.
«Крупнейший» ist die einfache Superlativform von «крупный». *Vgl.*: самый крупный – die zusammengesetzte Superlativform.

свою... продукцию: ihre Produkte.
Wenn sich **mein, dein, sein** usw. auf das SUBJEKT des Satzes bezieht, dann wird es durch **свой** (своя, своё, свои) ausgedrückt.

в приложении Вы найдёте: in der Beilage finden Sie. *Infinitiv (v.)* найти (я найду, ты найдёшь; они найдут).

о преимуществах: über die Vorteile. *Nom. Sing.:* преимущество

Вам стоит: es lohnt sich für Sie.

у нашего стенда: an unserem Stand.

плодотворное деловое общение: fruchtbare Geschäftsgespräche, **общение:** Kommunikation, Umgang, Verkehr

Упражнение 1.

«Кни́ги Росси́и»   «Игру́шка»
«Керамстеклопро́м»   «О́тдых»   «Банк и о́фис»
«Интерфло́ра»   «Интерьерэкспо́»
«Стройиндустри́я»   «Тексти́ль и мо́да»   «Комэкспо́»
«Спецтра́нспорт»   «Вода́ и тепло́ в ва́шем до́ме»

А) В какой выставке вы будете участвовать, если ваша фирма ...
An welcher Messe werden Sie teilnehmen, wenn Ihre Firma ...

проекти́рует зда́ния   ....
произво́дит керами́ческую пли́тку   ....
произво́дит о́фисную ме́бель   ....
произво́дит кра́ски и ла́ки   ....
продаёт обору́дование для бассе́йнов   ....
произво́дит пожа́рные маши́ны   ....

Б) Какую выставку вы посетите, если: *Welche Messe besuchen Sie, wenn ...*

вы лю́бите литерату́ру на ру́сском языке́   ....
вы плани́руете туристи́ческую пое́здку   ....
вы – диза́йнер оде́жды   ....
вас интересу́ют компью́терные техноло́гии ....
вы рабо́таете дире́ктором де́тского са́да   ....
вы садово́д-люби́тель   ....

Упражнение 2. Вставьте пропущенные слова и ответьте на вопросы.
Fügen Sie die fehlenden Wörter ein und beantworten Sie die Fragen.

1. Каку́ю проду́кцию ва́ша фи́рма (vorstellen) _____ на́ выставке «Ваш дом»?

2. О чём вы хоти́те рассказа́ть посети́телям ва́шего (Stand) _____?

3. Каки́е (Vorteile) _____ есть у ва́шей проду́кции?

4. На каки́х (Sprachen) _____ вы бу́дете обща́ться с посети́телями?

3.2. У СТЕНДА: ДИАЛОГ С ПОТЕНЦИАЛЬНЫМ ЗАКАЗЧИКОМ

Выставка – это идеальное место для налаживания деловых контактов.

Eine Messe ist der ideale Ort, um Geschäftsbeziehungen anzubahnen.

☻ Герберт Дорфер

☺ Анна Кукушкина, менеджер по закупкам фирмы «Пластмед»

☺ До́брый день. Я из фи́рмы «Пластме́д», **ме́неджер по заку́пкам**. Мы получи́ли ва́ше приглаше́ние на вы́ставку. Вот моя́ визи́тка.

☻ Спаси́бо, я о́чень рад, что вы пришли́. Я вас слу́шаю.

☺ **Мы произво́дим упако́вки** для медици́нских и космети́ческих препара́тов и **и́щем поставщико́в сырья́**. Я ви́жу, вы предлага́ете полистиро́л ма́рки 15-8К. Нас интересу́ют его техни́ческие характери́стики и цена́.

☻ Вот, пожа́луйста, **здесь всё подро́бно напи́сано**.

☺ О́чень хорошо́, а **на каки́х усло́виях** мо́жно сде́лать зака́з?

☻ Пе́рвую поста́вку мы всегда́ де́лаем на у́словиях стопроце́нтной предопла́ты. Това́р мо́жно **забра́ть** с на́шего скла́да в Герма́нии.

☺ Поня́тно, это не пробле́ма. А как бы́стро мы мо́жем получи́ть зака́з?

☻ Смотря́ како́е коли́чество вам ну́жно.

☺ Мы хоти́м заказа́ть **про́бную па́ртию. Ска́жем,** 25 тонн, это как раз бу́дет оди́н грузови́к. В перспекти́ве мы могли́ бы зака́зывать 500 тонн в год.

☻ Прекра́сно! Про́бную па́ртию **мы могли́ бы поста́вить неме́дленно**.

☺ Хорошо́, я ещё сего́дня должна́ поговори́ть с ше́фом, **если он не бу́дет про́тив**, мы за́втра сде́лаем зака́з.

КОММЕНТАРИИ

менеджер по закупкам: Einkaufsmanager

мы производим упаковки: wir erzeugen Verpackungen. *Nom. Sing.:* упаковка

мы ищем поставщиков сырья: wir suchen Rohstofflieferanten. *Infinitiv:* искать (я ищу, ты ищешь; они ищут); сырьё = Rohstoff.

здесь всё подробно написано: hier steht alles ausführlich (geschrieben)

на каких условиях: unter welchen Bedingungen

забрать (v.): abholen (я заберу, ты заберёшь; они заберут). *Unvollendet:* забирать

пробную партию: Probelieferung

скажем: sagen wir

мы могли бы поставить немедленно: wir könnten prompt liefern

если он не будет возражать: wenn er nichts dagegen hat (haben wird), auch: если он не будет возражать.

Упражнение 3. Вставьте пропущенное. *Ergänzen Sie.*

Здравствуйте, я (Einkaufsmanager) .... фирмы «Колбасный Мир». Наша фирма (erzeugt) ....…...……….. разные сорта колбасы. У нас уже есть (Rohstofflieferanten) ....……. но у них (zu hohe Preise) ………....................….. и мы (suchen) ……................. альтернативные варианты. Скажите, (unter welchen Bedingungen) .……..............…….. ………..... можно заказать у вас говядину и свинину? Пожалуйста, вот наш прайслист, там (steht) ....…….. всё (was Sie interessiert) ……….................. Мы готовы (zu liefern) ……….....................….. вам товары (prompt) ……... Условия платежа – (100% Vorauszahlung) ……………………...............…….... .

Упражнение 4. Что вы скажете в следующих ситуациях. *Was sagen Sie in folgenden Situationen:*

• Auf einer Messe wollen Sie Kontakt zu einem Aussteller knüpfen.

• Sie interessieren sich für einen bestimmten Rohstoff und wollen mehr über das Produkt (Beschaffenheit, Preis, Lieferbedingungen) erfahren.

• Sie möchten eine Probelieferung bestellen und danach größere Mengen.

• Sie versprechen, nach einem Gespräch mit Ihrem Chef nächste Woche eine gewisse Menge zu bestellen.

Упражнение 5. Вставьте пропущенное. *Ergänzen Sie.*

1) Что вы _____ (suchen)? Мои докуме́нты. 2) Мы _____ (bieten) разли́чные сорта́ пи́ва. 3) Како́е коли́чество вы могли́ бы нам _____ (liefern)? 4) На́ша фи́рма _____ (erzeugen) мото́ры. 5) Мы хоте́ли бы _____ _____ (Probepartie bestellen).

Упражнение 6. Вставьте пропущенное. *Ergänzen Sie.*

до́лжен	буд-у (-ешь, -ет, --ем, -ете, -ут)	
должна́	-----------	**+ Infinitiv**
должны́	был (-а, -о, и)	

1. Извини́те, у меня́ сейча́с нет вре́мени я .... зако́нчить эту рабо́ту.
2. Мой колле́га .... вчера́ позвони́ть ва́жному клие́нту, но он забы́л.
3. Когда́ вы .... подписа́ть догово́р, вчера́ или позавчера́?
4. Если вы не поста́вите това́ры в срок *(rechtzeitig)*, вы .... заплати́ть штраф.
5. Что мы .... сде́лать, что́бы получи́ть ви́зу?
6. Она́ .... прие́хать на Украи́ну ещё ме́сяц наза́д.
7. У нас сего́дня го́сти, я .... купи́ть хоро́шее вино́.

Упражнение 7. Разыгра́йте сле́дующий диалог.
Führen Sie einen Dialog nach folgenden Angaben:

☺ На вы́ставке «Пластэкспо́» вас заинтересова́ла проду́кция неме́цкой фи́рмы. Вы получи́ли подро́бную информа́цию об усло́виях поста́вки. Постара́йтесь убеди́ть ше́фа сде́лать про́бный зака́з.

☻ Вы посла́ли своего́ замести́теля на вы́ставку «Пластэкспо́», что́бы получи́ть информа́цию о возмо́жных поста́вках сырья́. Узна́йте о результа́тах и реши́те де́лать зака́з или нет.

🗩 Viele Russen beklagen sich, dass westliche Geschäftsleute großspurig und präpotent auftreten. Mit weniger Angabe und mehr Sachkenntnis kommt man sicher besser an.

Упражнение 8. *Разыграйте следующий диалог.*
Führen Sie einen Dialog nach folgenden Angaben:

☺ Sie sind ein Interessent für den Einkauf von Aluminium (алюминий). Auf der Messe besuchen Sie den Stand der Firma Sibirski Aluexport und erkundigen sich nach Liefermöglichkeiten.

☻ Sie sind Verkaufsmanager der Firma Sibirski Aluexport und besprechen mit dem Interessenten Ihre Liefermöglichkeiten.

Упражнение 9. Разыграть следующий диалог вам поможет приведённый ниже рекламный текст с интернет-сайта российской туристической фирмы. *Die untenstehende Homepage eines russischen Reiseunternehmens hilft Ihnen, folgenden Dialog zu führen.*

☺ Sie wollen den nächsten Urlaub mit Ihrer Familie in Russland verbringen und besuchen eine Tourismusmesse. Lassen Sie sich am russischen Stand über Flussreisen beraten.

☻ Sie sind Mitarbeiter eines russischen Reisebüros und stellen auf der Tourismusmesse aus. Versuchen Sie, einem Ausstellungsbesucher eine Reise nach Russland schmackhaft zu machen.

СОЛНЕЧНЫЙ ПАРУС

http://www.solpar.ru

Речные круизы по России

Одно из наших основных направлений работы – организация круизов на комфортабельных речных теплоходах по рекам и озерам России.

Теплоходные маршруты проходят по рекам Нева, Свирь, Волга, по Волго-Балтийскому и Московскому каналам, через огромные живописные озера Онежское и Ладожское. Вы сможете посетить места, где жили цари и императоры, полные очарования российские города, небольшие деревеньки и две столицы: блестящую Москву и величественный Санкт-Петербург. Вы попадете в край прекрасной северной природы, на острова Валаам и Кижи богатые уникальными памятниками древнерусской истории и архитектуры, в города Горицы (Кирилло-Белозерский монастырь), Ярославль, Кострома, Углич.

Навигационный период начинается в мае и продолжается до конца сентября. Продолжительность круизов от одного дня (Спб*-Валаам) до двадцати семи (Спб-Астрахань). Для организации круизов используются комфортабельные трех, четырехпалубные теплоходы. этих теплоходах к Вашим услугам 1, 2–х, 3–х и 4–х местные каюты (на четырехпалубных теплоходах в каждой каюте – душ, туалет, кондиционер, холодильник), ресторан с прекрасной русской и европейской кухней, конференц-зал, бары, сауны, музыкальный и видеосалон.

С каждым годом эти круизы становятся все популярнее, поэтому если Вы ищете комфортабельный отдых с качественным сервисом на борту, радушным и грамотно обслуживающим персоналом, при этом интересуетесь культурами, обычаями России – круиз будет правильным выбором.

Сводная таблица по теплоходам, маршрутам и ценам

Теплоход	Категория	Маршруты	Цены	
			MIN	BEST
"А.С.Попов"	**	СПб-Валаам (1 день), Кижи (3 дня)	1190 2890	8490 15790
"Родина"	**	СПб-Валаам (1 день),	1390	8990
"Ильич"	**	Москва-СПб-Москва	10300	39600
"Санкт-Петербург"	***	СПб-Валаам (1/2 дня), СПб-Кижи (3 дня)	1910/2960 4460	3260/5000 7320
"Кронштадт"	***	СПб-Валаам (1/2 дня), СПб-Кижи (4 дня)	1600/2400 5100	3000/3500 8800

Цены указаны в рублях на одного человека (**MIN** – размещение в каюте низшей классности, **BEST** – размещение в двухместной каюте на верхней палубе).

---

* Санкт-Петербург

3.3. ТИПИЧНЫЕ МЕТОДЫ ПЛАТЕЖА В ТОРГОВЛЕ С РОССИЕЙ

ПРЕДОПЛАТА: идеа́льный ме́тод финанси́рования и платежа́ для продавца́. Покупа́тель пла́тит за това́ры зара́нее, до того́ как продаве́ц отгрузи́л *(verladen)* и поста́вил *(liefern)* товар. Это мо́жет быть или вся су́мма контра́кта или её часть /**части́чная предопла́та**/.

АККРЕДИТИВ: даёт продавцу́ /экспортёру/ гара́нтию платежа́ от покупа́теля /импортёра/, если продаве́ц соблюда́ет *(einhalten)* сро́ки и усло́вия аккредити́ва. Са́мый надёжный тип аккредити́ва – это **БЕЗОТЗЫ́ВНЫЙ ПОДТВЕРЖДЁННЫЙ АККРЕДИТИ́В. Безотзы́вный** *(unwiderruflich)* – зна́чит, что аккредити́в мо́жно скорректи́ровать или отмени́ть *(widerrufen)* **то́лько** с согла́сия всех уча́стников аккредити́ва. **Подтверждённый** *(bestätigt)* – зна́чит, что платёж продавцу́ гаранти́руют два ба́нка: банк продавца́ и банк покупа́теля.

Как работает безотзывный подтверждённый аккредитив

Шаг 1. Покупа́тель и продаве́ц заключа́ют догово́р ку́пли-прода́жи, в кото́ром как ме́тод платежа́ ука́зан *(ist angegeben)* аккредити́в.

Шаг 2. Покупа́тель поруча́ет *(beauftragen)* ба́нку в свое́й стране́ откры́ть аккредити́в в по́льзу *(zu Gunsten)* продавца́. Банк, кото́рый открыва́ет аккредити́в, гаранти́рует платёж продавцу́. Этот банк называ́ется банк-эмите́нт.

Шаг 3. Банк-эмите́нт про́сит банк в стране́ продавца́ сообщи́ть *(mitteilen)* об аккредити́ве продавцу́ и подтверди́ть этот аккредити́в, то есть дать свою́ со́бственную гара́нтию платежа́, в добавле́ние *(zusätzlich)* к той гара́нтии, кото́рую уже́ дал банк-эмите́нт. Таки́м о́бразом *(auf diese Weise)*, подтверждённый аккредити́в соде́ржит *(beinhaltet)* гара́нтии 2-х ба́нков, один из кото́рых нахо́дится в стране́ экспортёра /**подтвержда́ющий банк**/, а друго́й – в стране́ импортёра /**банк-эмите́нт**/.

Шаг 4. По́сле отгру́зки *(Verladung)* това́ров продаве́ц до́лжен переда́ть в подтвержда́ющий банк компле́кт документов (тра́нспортный докуме́нт, ко́пии счёта-факту́ры, сертифика́т ка́чества това́ров и др.). Каки́е и́менно докуме́нты вхо́дят в компле́кт, ука́зано *(steht)* в аккредити́ве.

Шаг 5. Подтвержда́ющий банк и банк-эмите́нт контроли́руют докуме́нты. Е́сли они́ в поря́дке, то банк-эмите́нт перево́дит *(überweisen)* в подтвержда́ющий банк су́мму платежа́. Подтвержда́ющий банк выпла́чивает эту су́мму продавцу́.

> **!** В слу́чае если банк покупа́теля (банк-эмите́нт) не оплати́л това́ры, подтвержда́ющий банк выступа́ет *(eintreten)* как гара́нт и пла́тит продавцу́ сам.

Шаг 6. Банк-эмите́нт передаёт докуме́нты покупа́телю. Покупа́тель испо́льзует докуме́нты для получе́ния това́ров.

Упражне́ние 10. Да или нет?

	да	нет
1. Банк, кото́рый открыва́ет аккредити́в, нахо́дится в стране́ экспортёра.	☐	☐
2. Банк-эмите́нт, это банк, кото́рый открыва́ет аккредити́в.	☐	☐
3. Безотзы́вный аккредити́в мо́жно измени́ть без согла́сия продавца́.	☐	☐
4. Подтверждённый аккредити́в даёт ме́ньшую защи́ту для экспортёра, чем неподтверждённый.	☐	☐
5. В слу́чае НЕподтверждённого аккредити́ва то́лько банк покупа́теля даёт гара́нтию платежа́ для экспортёра.	☐	☐
6. Пла́ту за свои́ това́ры в слу́чае подтверждённого аккредити́ва экспортёр получа́ет от ба́нка-эмите́нта.	☐	☐
7. Для импортёра нет принципиа́льной ра́зницы ме́жду безотзы́вным аккредити́вом и подтверждённым безотзы́вным аккредити́вом.	☐	☐

Упражне́ние 11. Заполните таблицу. *Füllen Sie die Tabelle aus.*

Vorteile für преимущества для ----→	EXPORTEUR экспортёра	IMPORTEUR импортёра
Платёж мо́жно сде́лать че́рез банк в стране́ экспортёра.		
Ба́нки име́ют де́ло с докуме́нтами, а не с това́рами. Е́сли докуме́нты в поря́дке, банк до́лжен вы́полнить платёж.		
Риск неплатежа́ практи́чески ра́вен нулю́.		
Существу́ют стро́гие междунаро́дные пра́вила для документа́рных аккредити́вов.	X	X
Экспортёр получа́ет су́мму аккредити́ва то́лько е́сли докуме́нты в поря́дке, то есть соотве́тствуют тре́бованиям покупа́теля.		

3.4. УСЛОВИЯ ПОСТАВКИ: INCOTERMS

В любо́м э́кспортном торго́вом контра́кте ука́зано *(ist angegeben)*, кто отвеча́ет за транспортиро́вку това́ра и кто за что пла́тит.

Что вхо́дит в сто́имость *(Preis/Kosten)* **поста́вки:**

1) Перево́зка/фрахт/транспортиро́вка, погру́зка *(Verladung)* и разгру́зка *(Entladung)*
2) Страхова́ние *(Versicherung)*
3) Тамо́женные сбо́ры *(Zollgebühren)*: нало́ги *(Steuer)*, по́шлины *(Zölle)*

Специа́льные тра́нспортные те́рмины «Incoterms» обознача́ют *(definieren)* разли́чные варианты разделе́ния отве́тственности *(Verantwortlichkeit)* и расхо́дов *(Kosten)* ме́жду покупа́телем и продавцо́м.

Термины, которые часто используются в экспортных контрактах.

«Франко-завод» (EXW). Покупа́тель до́лжен приня́ть това́ры со скла́да *(Lager)* заво́да-экспортёра и оплати́ть все расхо́ды по транспортиро́вке с заво́да к ме́сту назначе́ния *(Bestimmungsort),* включа́я э́кспортные и и́мпортные тамо́женные сбо́ры. В э́том слу́чае обяза́тельства *(Verpflichtungen)* продавца́ - минима́льные.

«Франко-борт» (FOB). Продаве́ц опла́чивает все расхо́ды по транспортиро́вке това́ров, включа́я э́кспортные тамо́женные сбо́ры, **до бо́рта корабля́ в порту́ отпра́вки** *(Verladehafen)*. С э́того моме́нта [това́р нахо́дится на борту́!] перево́зку, разгру́зку и страхова́ние берёт на себя́ *(übernimmt)* покупа́тель.

«Франко-перево́зчик» (FCA). Продаве́ц опла́чивает э́кспортные тамо́женные сбо́ры и доста́вку това́ров экспеди́тору (Spediteur). Доста́вка экспеди́тору означа́ет, что продаве́ц вы́полнил свои́ обяза́тельства. Экспеди́тор поруча́ет перево́зчику (Frachtführer) доста́вить това́ры клие́нту. Покупа́тель опла́чивает все расхо́ды с э́того моме́нта.

«Сто́имость, страхова́ние, фрахт» (CIF): Продаве́ц опла́чивает все расхо́ды **до по́рта назначе́ния** *(Bestimmungshafen)*: перево́зку това́ра, э́кспортные тамо́женные сбо́ры и страхова́ние. В этом слу́чае продаве́ц име́ет ма́ксимум обяза́тельств. Те́рмин CIF мо́жет применя́ться *(angewendet werden)* то́лько при перево́зке това́ра морски́м или вну́тренним во́дным тра́нспортом *(Meer- und Binnenschifffahrt)*.

«Поставка в место назначе́ния» (DAP). Продаве́ц опла́чивает все расхо́ды по транспортиро́вке това́ров, включа́я э́кспортные тамо́женные сбо́ры, **до определённого ме́ста назначе́ния**. С э́того моме́нта все расхо́ды берёт на себя́ покупа́тель.

Упражнение 12. Кто оплачивает расходы? *Wer bezahlt die Kosten?*

ЭТАПЫ ТРАНСПОРТИРОВКИ	Франко-завод	Франко-борт	Стоимость страхование фрахт
	EXW	**FOB**	**CIF**
Перево́зка и страхова́ние до по́рта отпра́вки.	покупатель	продавец	продавец
Э́кспортные тамо́женные сбо́ры.			
Фрахт с моме́нта погру́зки на борт в порту́ отпра́вки, до по́рта в стране́ назначе́ния.			
Страхова́ние с моме́нта погру́зки на борт в порту́ отпра́вки, до по́рта в стране́ назначе́ния.			
Перево́зка и страхова́ние от по́рта назначе́ния до коне́чного пу́нкта.			

Упражнение 13. Какой термин „Incoterms" имеется в виду, если продавец сделал следующие записи. *Um welche „Incoterms" handelt es sich, wenn sich der Verkäufer folgende Notizen gemacht hat:*

Запись в записной книжке: **Термин «Incoterms»**

1. Това́ры доста́влены фи́рме «Spedition Steiner». Э́кспортные тамо́женные сбо́ры опла́чены.   ....

2. Това́ры погру́жены на борт су́дна в Амстерда́ме. Фрахт и страхова́ние до по́рта Санкт-Петербу́рг опла́чены.   ....

3. Това́ры погру́жены на скла́де фи́рмы-продавца́.   ....

4. Това́ры погру́жены на борт в Га́мбурге. Все расходы до Га́мбурга опла́чены.   ....

5. Това́ры доста́влены на грани́цу Ла́твии.   ....

Упражнение 14. Подберите к немецким терминам соответствующий русский перевод. *Ordnen Sie den deutschen Ausdrücken die entsprechende russische Übersetzung zu.*

отве́тственность   по́шлины   порт отпра́вки   обяза́тельство тамо́женные сбо́ры   на борту́   растамо́живание˘ расхо́ды   ме́сто назначе́ния   страхова́ние   погру́зка перево́зка   усло́вия поста́вки   разгру́зка перево́зчик   экспеди́тор   желе́зная доро́га   нало́ги

Transport   _____

Verladung   _____

Entladung   _____

Verantwortlichkeit   _____

Kosten   _____

Versicherung   _____

Steuern   _____
Zölle   _____
Zollgebühren   _____

Zollabfertigung   _____*растаможивание*_____

Bestimmungsort   _____

Frachtführer   _____

Verladehafen   _____

Lieferbedingungen   _____

Eisenbahn   _____

Verpflichtung   _____

an Bord   _____

Spediteur   _____

3.5. СИТУАЦИЯ НА РЫНКЕ

Чтобы представлять себе, хорошо ли будет продаваться ваша продукция на иностранном рынке, необходимо знать о том, как идет бизнес у ваших клиентов, ведь именно от этого зависит количество заказов. *Um sich vorstellen zu können, ob sich Ihr Produkt auf dem internationalen Markt gut verkaufen wird, ist es erforderlich zu wissen, wie das Geschäft bei Ihren Kunden läuft, da genau davon der Umfang der Aufträge abhängt.*

☻ Герберт Дорфер
☺ Алексей Граф, директор фирмы «Пластиковая Упаковка»

☻ Здравствуйте Алексей. Как идут дела? Как бизнес?

☺ Отлично. Сейчас ситуация на рынке очень благоприятная. **Спрос превышает предложение**. За последний год мы увеличили производство **на 59 %** а **объём продаж увеличился в 2 раза.**

☻ Да-а-а, **это впечатляет**. Это значит, что **темпы роста потребления** на рынке очень высокие. Вам известна статистика?

☺ Да, мы постоянно **следим за** развитием рынка. В целом **по различным отраслям** рост **составляет** от 5% до 12 % в год.

☻ А в каких отраслях темпы роста самые высокие?

☺ Один из основных потребителей – это пищевая промышленность. Особенно быстро развивается рынок снэков.

☻ Рынок чего?

☺ Снэков, snacks. Сейчас в этой области настоящий бум. В последнее время очень **выросло** также потребление пластиковой одноразовой посуды, но здесь важную роль играет сезонный фактор. **Пик спроса приходится на лето**, когда открывается большое количество временных кафе.

☻ Да-да, это и у нас так. Скажите Алексей, а **как вы оцениваете** перспективы развития рынка?

☺ Я считаю, что в ближайшие несколько лет **будет наблюдаться** устойчивый рост производства, **пока** российские **показатели не**

достигнут общеевропейского уровня. Но даже после этого спрос на пластиковую упаковку будет стабильным.

☻ **Ну что ж**, спасибо, вы меня очень порадовали. Это значит, что интерес к нашей продукции тоже **останется стабильным**.

КОММЕНТАРИИ

спрос превышает предложение: die Nachfrage übersteigt das Angebot

на 30%: um 30 %

объем продаж увеличился в 2 раза: der Absatz hat sich verdoppelt. Das Verb «увеличиться» (v.) heißt wörtlich: sich vergrößern. *Das Gegenteil:* уменьшиться.

темпы роста потребления: Wachstumsrate des Konsums. *Nom. Sg.:* потребление – Verbrauch, Konsum

следим за (+5.F.): verfolgen

по различным отраслям: in den verschiedenen Geschäftszweigen. *Nom. Sing.:* отрасль (f.) – Zweig; Branche

составляет: beträgt

выросло: ist gestiegen; он вырос, она выросла. Vergangenheit von «вырасти» (v.). *Unvollendet:* расти (я расту, ты растёшь; они растут).

пик спроса приходится на лето: der Höhepunkt der Nachfrage fällt auf den Sommer

как вы оцениваете: wie schätzen Sie ein

будет наблюдаться: wird zu beobachten sein

пока ... показатели не достигнут (+2.F.): solange die Kennziffern nicht erreichen

ну что ж: also gut

останется стабильным: wird stabil bleiben.
Infinitiv (v.): остаться (я останусь, ты останешься; они останутся). *Infinitiv (uv.):* оставаться (я остаюсь, ты остаёшься; они остаются). Das Verb «оставаться – остаться» verlangt den 5. Fall, wie andere Verben mit der Bedeutung „sein", „werden". *Vgl.:* Эта зима будет холодной. Он стал генеральным директором.

Упражнение 15. Вставьте пропущенное. *Ergänzen Sie.*

Если ра́ньше (die Marktlage) _____

была́ не о́чень (günstig) _____, то в

настоя́щее вре́мя (ist zu beobachten) _____ стаби́льный

рост. Объём прода́ж (hat sich verdreifacht) _____ по

сравне́нию с про́шлым го́дом. (die Produktion) _____

вы́росло (um 30%) _____ и (beträgt) _____ 75

000 едини́ц в год. Что каса́ется прогно́за на бу́дущее, то специали́сты

счита́ют, что (die Nachfrage nach) _____

проду́кцию   э́той   о́трасли   (wird   den   Höhepunkt   erreichen)

_____ _____ в сле́дующем году́, а

пото́м   бу́дет   уменьша́ться,   что   приведёт   к   сниже́нию   (der

Wachstumsraten) _____ .

Упражнение 16. Отве́тьте на вопро́сы, испо́льзуя информа́цию, кото́рую вы узна́ли из   диало́га. *Beantworten Sie die Fragen und verwenden Sie dabei die Informationen aus dem Dialog.*

1.   Что вы мо́жете сказа́ть о ситуа́ции на ры́нке пла́стиковой упако́вки?
2.   Что вы мо́жете сказа́ть о бала́нсе спро́са и предложе́ния?
3.   На ско́лько увели́чился объём произво́дства за после́дний год?
4.   Как измени́лся объём прода́ж по сравне́нию с про́шлым го́дом?
5.   Почему́ те́мпы ро́ста ры́нка пла́стиковой упако́вки ука́заны в диапазо́не от 12% до 15%,а не одно́й ци́фрой?
6.   Как вы понима́ете фра́зу «сейча́с в э́той о́бласти настоя́щий бум»?
7.   Почему́ пик спро́са на одноразо́вую посу́ду прихо́дится на ле́то?
8.   Как   спрос   на   пла́стиковую   упако́вку   влия́ет   на   интере́с потреби́телей к проду́кции фи́рмы «Полино́рм»?
9.   Как   вы   ду́маете,   почему́   на   ры́нке   пла́стиковой   упако́вки наблюда́ются таки́е высо́кие те́мпы ро́ста?

Упражнение 17. Ответьте на вопросы, используя информацию из диаграммы. *Beantworten Sie die Fragen und verwenden Sie dabei die Informationen aus dem Diagramm.*

Баланс спроса и предложения на рынке персональных компьютеров, мл. шт

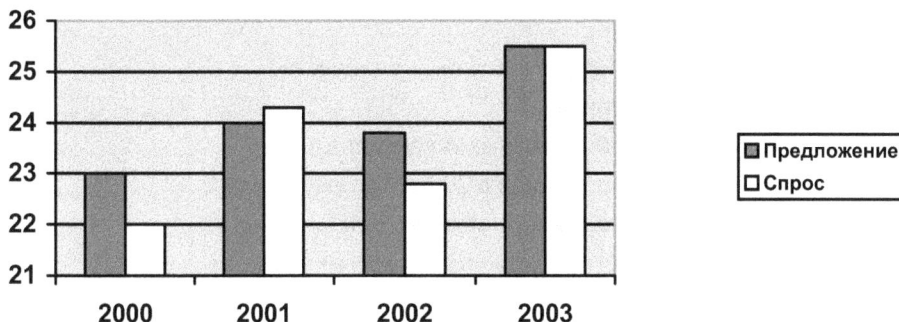

- В како́м году́ спрос превыша́л предложе́ние?

- В како́м году́ предложе́ние то́чно соотве́тствовало спро́су?

- В како́м году́ наблюда́лся са́мый большо́й дисбала́нс ме́жду спро́сом и предложе́нием?

- Как и во ско́лько раз отлича́лось предложе́ние от спро́са в 2000 году́?

- Как вы оце́ниваете бала́нс спро́са и предложе́ния в 2001 году́: оптима́льный, удовлетвори́тельный, неудовлетвори́тельный?

Упражнение 18. Отметьте на основании диаграммы правильные и неправильные утверждения. *Bestimmen Sie anhand des Diagramms, welche Aussagen richtig und welche falsch sind.*

Структура производства завода «Химфарм» в тыс. тонн

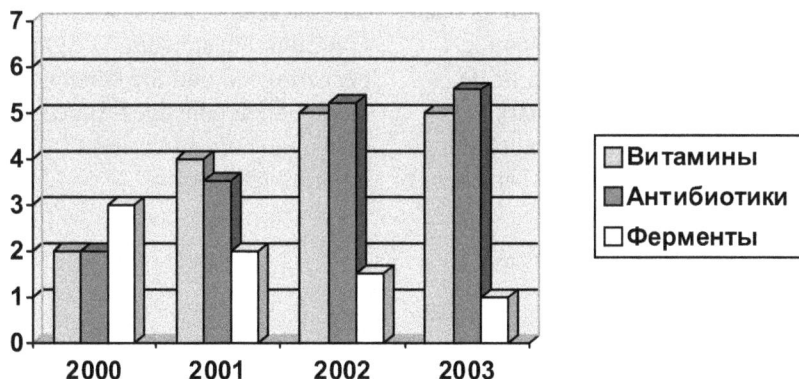

	да	нет
1. Объём производства витаминов в последние два года оставался постоянным.	☐	☐
2. Производство антибиотиков постоянно увеличивалось.	☐	☐
3. В 2001 году завод производил в 2 раза меньше витаминов чем ферментов	☐	☐
5. В 2000 г. завод производил одинаковое количество витаминов и антибиотиков.	☐	☐
5. Производство ферментов постоянно увеличивалось.	☐	☐
6. Объём производства витаминов в 2002 году уменьшился по сравнению с 2001 годом на 1 тысячу тонн.	☐	☐
7. Объём производства антибиотиков был самым высоким в 2003 году.	☐	☐
8. Объём производства витаминов был самым низким в 2001 году.	☐	☐

Упражнение 19. Разыграйте следующий диалог.

Führen Sie einen Dialog nach folgenden Angaben:

☺ Вы встречаете вашего постоянного клиента, которому вы поставляли оборудование для бассейнов. Он уже давно ничего у вас не заказывал. Узнайте в чём дело.

☻ Вы работаете в компании, которая строит небольшие бассейны в загородных домах. В последнее время на этом рынке появилось много конкурентов, предложение превышает спрос, объём заказов уменьшился...

Упражнение 20. Разыграйте следующий диалог.

Führen Sie einen Dialog nach folgenden Angaben:

☺ Sie handeln mit landwirtschaftlichen Produkten. Sie teilen Ihrem Gesprächspartner, mit dem Sie schon lange Geschäfte machen, mit, dass die Nachfrage nach Sonnenblumenöl (подсолнечное масло) nach der schlechten Ernte (урожай) im letzten Jahr stark gestiegen ist. Der Preis ist auch um fast 10% gestiegen (цена ... выросла).

☻ Sie produzieren Speiseöl (растительное масло). Die neue Ernte war zum Glück fast doppelt so hoch wie in dem schlechten Jahr davor und Sie konnten daher auch Ihre Ölproduktion steigern. Die Qualität ist hervorragend und Sie können ein für beide Seiten günstiges Angebot (выгодное предложение) unterbreiten.

3.6. ПИСЬМО-БЛАГОДАРНОСТЬ В СВЯЗИ С ОКОНЧАНИЕМ ВЫСТАВКИ

Уважаемые дамы и господа!

Выставка ПЛАСТЭКСПО **прошла для нас очень успешно,** и мы хотели бы поблагодарить Вас за то, что Вы посетили наш стенд, и **проявили интерес к нашим изделиям.**

На нашем стенде Вы получили информацию о продукции фирмы «ПОЛИНОРМ» **в виде** каталогов, проспектов и т.д. Если Вы заинтересованы и хотели бы получить **предложение на** определенные виды нашей продукции, пожалуйста, **пришлите нам запрос** по факсу. Вы также можете **приобрести** изделия фирмы «ПОЛИНОРМ» у наших российских партнёров.

Если у Вас будут вопросы, **обращайтесь к нам**. Желаем Вам успехов!

С уважением

Герберт Дорфер, менеджер по продажам

Приложение:
1) Проспекты и каталоги
2) Адреса дистрибьюторов в России

КОММЕНТАРИИ

прошла́ для нас о́чень успе́шно: ist für uns sehr erfolgreich verlaufen

прояви́ли интере́с к на́шим изде́лиям: Interesse an unseren Erzeugnissen zeigten

в ви́де (+2.F.): in Form von

и т.д. = и так да́лее: usw.

предложе́ние на (+4.F.): Angebot für...

пришли́те нам запро́с по фа́ксу: schicken Sie uns eine Anfrage per Fax

приобрести́ (v.): erwerben *(gehobene Sprache)*

обраща́йтесь к нам: wenden Sie sich an uns. *Infinitiv:* обраща́ться

Упражнение 21. Вставьте пропущенное. *Ergänzen Sie.*

Уважа́емые уча́стники вы́ставки «Вода́ и Тепло́ в Ва́шем До́ме»! Австри́йская фи́рма Prager, (einer der größten Hersteller) _____ _____ оборудо́вания для ба́ссейнов в пе́рвый раз предста́вила (seine Produkte) _____ на вы́ставке в Москве́. Мы о́чень ра́ды, что вы прояви́ли_____ _____ (Interesse an unseren Erzeugnissen). Уже́ сейча́с Вы мо́жете (erwerben) _____ необходи́мое Вам оборудо́вание у на́ших партнёров, а́дрес и телефо́н кото́рых ука́зан (in der Beilage) _____. Официа́льные ди́леры фи́рмы Prager мо́гут (anbieten) _____ Вам весь спектр на́шей проду́кции.

Упражнение 22. Напишите факс на фирму, стенд которой вы посетили на выставке ПЛАСТЭКСПО. Попросите прислать Вам предложение на пробную партию поликарбоната марки «Калибр» для производства компакт-дисков. *Schreiben Sie ein Fax an eine Firma, deren Stand Sie auf der PLASTEXPO besucht haben, und ersuchen Sie um ein Angebot für eine Probelieferung des Polykarbonats „Calibre" für die Erzeugung von CDs.*

Упражнение 23. Вы – официальный дистрибьютор фирмы Прагер на юге России. Напишите письмо в курортный отель в Сочи и предложите оборудование для бассейнов. *Sie sind der offizielle Vertriebspartner der Fa. Prager für Südrussland. Schreiben Sie einen Brief an ein Kurhotel in Sotschi und bieten Sie Ihre Schwimmbadausrüstung an.*

ПОСЕЩЕНИЕ ФИРМЫ

4.1   Общая информация о фирме 66

4.2   Основные формы коммерческих организаций в России 69

4.3   Организационная структура фирмы и её персонал 71

4.4   Система сбыта 75

4.5   Реклама.. 78

4.6   Переговоры 82

4.7   Образец договора 88

4.1. ОБЩАЯ ИНФОРМАЦИЯ О ФИРМЕ

При встре́че с но́выми делвы́ми партнёрами вы должны́ снача́ла предста́вить ва́шу фи́рму. *Wenn Sie neue Geschäftspartner treffen, müssen Sie zuerst einmal Ihre Firma vorstellen.*

Фи́рма «Фармако́м» **была́ осно́вана** в 1965 году́. Основа́л её оте́ц ны́нешнего генера́льного дире́ктора. **Бо́льшей ча́стью а́кций** фи́рмы **владе́ет** семья́ основа́теля, 7% а́кций **принадлежа́т сотру́дникам фи́рмы**, 20% нахо́дятся в рука́х ча́стных инве́сторов. Компа́ния "Фармако́м" **явля́ется** откры́тым акционе́рным о́бществом, её а́кции продаю́тся на би́рже.

«Фармако́м» специализи́руется на произво́дстве медици́нских препара́тов-ге́нериков. Гара́нтия высо́кого ка́чества проду́кции – гла́вный при́нцип рабо́ты фи́рмы. В ассортиме́нте фи́рмы бо́лее 100 разли́чных препара́тов. **Объём произво́дства и оборо́т постоя́нно расту́т.** В про́шлом году́ **годово́й оборо́т соста́вил** 400 миллио́нов е́вро. Больша́я часть проду́кции фи́рмы идёт на э́кспорт. «Фармако́м» име́ет представи́тельства и филиа́лы в бо́лее 40 стра́нах ми́ра. **О́бщее число́** сотру́дников фи́рмы - 1400 челове́к во всём ми́ре.

Ме́неджмент фи́рмы **придаёт большо́е значе́ние** квалифика́ции персона́ла и внедре́нию но́вых техноло́гий. Произво́дственный центр фи́рмы **обору́дован по после́днему сло́ву те́хники**.

Е́сли ко́ротко сформули́ровать основны́е причи́ны успе́ха фи́рмы на мирово́м ры́нке, то мо́жно назва́ть сле́дующие:

- квалифика́ция персона́ла

- **гра́мотная марке́тинговая поли́тика**

- **внедре́ние в произво́дство** то́лько но́вых техноло́гий и испо́льзование совреме́нного обору́дования

- высо́кое ка́чество проду́кции

- **чёткое выполне́ние обяза́тельств** при рабо́те с партнёрами.

Гла́вная цель фи́рмы – **обеспе́чить люде́й** высокока́чественными медикаме́нтами **по досту́пным це́нам.** Эффекти́вность, надёжность и безопа́сность препара́тов фи́рмы «Фармако́м» о́чень высоко́ **це́нятся во всём ми́ре**.

КОММЕНТАРИИ

было основано: wurde gegründet.

большей частью акций ... владеет: den Großteil der Aktien besitzt. Das Verb «владеть» (besitzen) verlangt den 5.Fall.

принадлежат (+3.F.) **сотрудникам фирмы:** gehören Mitarbeitern der Firma

объём производства и оборот постоянно растут: der Umfang der Produktion und der Umsatz steigen stetig. *Infinitiv:* расти (я расту, ты растёшь; они растут).

является (+5.F.): ist. Das Verb «являться» ersetzt in der gehobenen Sprache das Hilfszeitwort «быть» (sein), das ja im Russischen in der Gegenwart nicht vorkommt.

годовой оборот составил (v.): der Jahresumsatz machte ... aus. *Infinitiv:* составить, *Infinitiv (unv.):* составлять.

общее число: die gesamte Anzahl

придаёт большое значение (+3.F.): legt großen Wert auf

оборудован по последнему слову техники: nach dem neuesten Stand der Technik ausgerüstet

грамотная маркетинговая политика: kompetente Marketingpolitik

внедрение в производство: Einführung in die Produktion

чёткое выполнение обязательств: exakte Erfüllung der Verpflichtungen

обеспечить людей (+5.F.): die Menschen zu versorgen mit

по доступным ценам: zu erschwinglichen Preisen

ценятся во всём мире: werden auf der ganzen Welt geschätzt

Упражнение 1. Отметьте на основании диалога правильные и неправильные утверждения. *Bestimmen Sie anhand des Dialoges, welche Aussagen richtig und welche falsch sind.*

	да	нет
1. Фирму основал её генеральный директор в 1965 году.	☐	☐
2. 73% акций фирмы принадлежат семье её основателя.	☐	☐
3. Акции фирмы находятся в свободной продаже.	☐	☐
4. «Фармаком» производит патентованные препараты	☐	☐
5. Фирма использует в производстве современное оборудование.	☐	☐
6. Главная причина успеха фирмы – низкие цены на её продукцию.	☐	☐
7. Фирма «Фармаком» - надёжный партнёр.	☐	☐
8. Фирма гарантирует высокое качество своих препаратов.	☐	☐

Упражнение 2. Составьте визитную карточку известной вам фирмы. *Erstellen Sie eine Visitenkarte einer Ihnen bekannten Firma.*

Визитная карточка

Название фирмы:

Основана:

Основатель:

Генеральный директор:

Адрес главного офиса:

Деятельность*:

Количество сотрудников во всём мире:

Оборот:

Контакты

Телефон:

Факс:

Email:

Web сайт:

---

* Варианты:

производит/ продаёт/ поставляет/ предлагает/ организует (+4.F.)

является крупнейшим поставщиком/ производителем (+2.F.)

................лидером в области/ на рынке (+2.F.)

специализируется на (+6.F.)

занимается (+5.F.)

Упражнение 3. Вставьте пропущенное. *Ergänzen Sie.*

Наша компания (spezialisiert sich auf) _____ на производстве офисной мебели и (ist) _____ одним из лидеров на европейском рынке. (Der Jahresumsatz) _____ компании составляет 200 миллионов долларов. (Das Hauptprinzip) _____ нашей работы – индивидуальный подход к клиенту. (Die hohe Qualität) _____ нашей продукции и (erschwingliche Preise) _____ – гарантия успеха компании. В производстве мы используем только самое (moderne Ausrüstung) _____. Мы (legen großen Wert auf) _____ работе на российском рынке.

4.2. ОСНОВНЫЕ ФОРМЫ КОММЕРЧЕСКИХ ОРГАНИЗАЦИЙ В РОССИИ

Среди́ росси́йских комме́рческих предприя́тий ча́ще всего́ встреча́ются сле́дующие фо́рмы организа́ций:

* **О́бщество с ограни́ченной отве́тственностью** (ООО) – *entspricht weitgehend einer Gesellschaft mit beschränkter Haftung (GmbH)*

* **Акционе́рное о́бщество** (АО) – *Aktiengesellschaft*

О́бщество – э́то комме́рческая организа́ция, в кото́рой уста́вный капита́л *(Stammkapital)* формиру́ется из вкла́дов *(Einlagen)* уча́стников. О́бщество мо́жет созда́ть оди́н и́ли не́сколько учреди́телей *(Gründer)*. Все уча́стники о́бщества отвеча́ют пе́ред кредито́рами в преде́лах *(im Ausmaß)* свои́х вкла́дов и́ли паке́та а́кций. Э́то отлича́ет о́бщество от ча́стного предпринима́теля *(Privatunternehmer)*, кото́рый мо́жет потеря́ть всё своё иму́щество *(Vermögen)*, е́сли его́ би́знес потерпи́т неуда́чу *(Misserfolg erleiden)*.

1. О́бщество с ограни́ченной отве́тственностью (ООО). В ООО уста́вный капита́л разделён на до́ли *(Stammeinlagen)* уча́стников. Минима́льный уставно́й капита́л – 100 минима́льных окла́дов *(Mindestlohn)*. Число́ уча́стников – не бо́лее 50.

2. Акционе́рное о́бщество (АО). В АО уста́вный капита́л разделён на а́кции. Вы́пуск а́кций необходи́мо регистри́ровать в Федера́льной коми́ссии по ры́нку це́нных бума́г (ФКЦБ). Э́то де́лает АО бо́лее сло́жной и дорого́й при созда́нии фо́рмой, чем ООО. Акционе́рные о́бщества быва́ют закры́того и откры́того ти́па.

Закры́тое акционе́рное о́бщество (ЗАО) распределя́ет *(verteilt)* свои́ а́кции ме́жду учреди́телями. Акционе́р закры́того о́бщества мо́жет прода́ть и́ли переда́ть свои́ а́кции то́лько с согла́сия *(mit Zustimmung)* други́х уча́стников о́бщества. Акционе́ры ЗАО име́ют преиму́щественное пра́во поку́пки *(Vorkaufsrecht)* а́кций, кото́рые продаю́т други́е акционе́ры э́того о́бщества. Число́ акционе́ров – не бо́лее 50. Минима́льный уста́вный капита́л – 100 минима́льных окла́дов.

Откры́тое акционе́рное о́бщество (ОАО) выпуска́ет свои́ а́кции в откры́тую прода́жу. Э́то зна́чит, что их мо́жет купи́ть любо́й жела́ющий *(jeder, der will / jeder Interessierte)*. Акционе́р ОАО мо́жет прода́ть и́ли переда́ть свои́ а́кции любо́му лицу́ *(Person)* без согла́сия други́х акционе́ров. В конце́ ка́ждого фина́нсового го́да ОАО обя́зано приглаша́ть ауди́тора для ауди́торской прове́рки, а та́кже ежего́дно публикова́ть годово́й отчёт *(Jahresbericht)*, бухга́лтерский бала́нс, счёт при́былей и убы́тков *(Gewinn- und Verlustrechnung)*. Число́ акционе́ров ОАО не ограни́чено *(unbegrenzt)*. Минима́льный уста́вный капита́л ОАО – 1000 минима́льных окла́дов.

Упражнение 4. Напишите, какая форма организации коммерческого предприятия отвечает указанным характеристикам. *Schreiben Sie die entsprechende Unternehmensform in die rechte Spalte:*

Характеристики:	Организационно-правовая форма
Уставный капитал разделён на ...: **акции** Максимальное число участников: **50** Минимальный уставный капитал: **100 мин. окладов**	....
Уставный капитал разделён на ...: **доли** Максимальное число участников: **50** Минимальный уставный капитал: **100 мин. окладов**	....
Уставный капитал разделён на ...: **акции** Максимальное число участников: **не ограничено** Минимальный уставный капитал: **1000 мин. окладов**	....

Упражнение 5. Да или нет?

	да	нет
• Перед кредиторами участники общества отвечают всем своим имуществом.	☐	☐
• Акционерное общество может иметь одного акционера.	☐	☐
• Размер минимального уставного капитала ООО такой же, как у ЗАО.	☐	☐
• ЗАО и ООО имеют одинаковое максимальное число участников.	☐	☐
• Минимальный уставный капитал ОАО меньше, чем у ЗАО	☐	☐
• Акции ЗАО может купить любой желающий.	☐	☐
• Для открытого общества обязательно публичное ведение дел.	☐	☐

• **Упражнение 6.** Ответьте на вопросы. *Beantworten Sie die Fragen.*

1. Какие формы коммерческих организаций являются в России самыми распространёнными?

2. Как формируется уставный капитал общества?

3. Почему участник общества рискует меньше, чем частный предприниматель?

4. Почему ООО – более простая и дешёвая при создании форма, чем АО?

5. Почему открытое акционерное общество называется «открытым»?

6. Как вы думаете, какая форма акционерного общества имеет более высокий деловой статус, ЗАО или ОАО? Почему?

4.3. ОРГАНИЗАЦИОННАЯ СТРУКТУРА ФИРМЫ И ЕЁ ПЕРСОНАЛ

Акционерное Общество «Фармаком» – один из ведущих в Европе производителей фармацевтической продукции. Это современное, динамично развивающееся предприятие, на котором работает 1400 человек. Важную роль в обеспечении успеха компании играет высокий профессиональный уровень коллектива. *Pharmacom AG ist einer der bedeutendsten europäischen Hersteller von pharmazeutischen Produkten. Es ist ein modernes, dynamisches, entwicklungsstarkes Unternehmen, in dem 1400 Leute arbeiten. Eine wichtige Rolle für die Erfolgssicherung der Firma spielt das hohe professionelle Niveau der Mitarbeiter.*

ОРГАНИГРАММА КОМПАНИИ

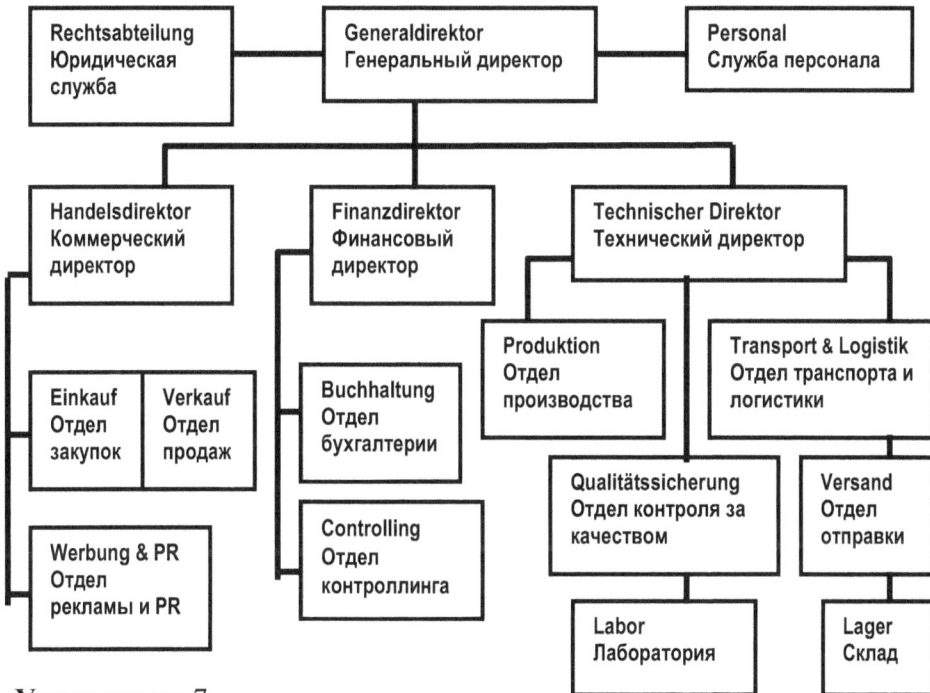

Упражнение 7.

А. Ответьте на вопросы, используя органиграмму, запомните подчеркнутые глаголы. *Beantworten Sie die Fragen anhand des Organigramms. Prägen Sie sich die unterstrichenen Zeitwörter ein.*

1. В этом отде́ле изуча́ют конъюнкту́ру ры́нка, веду́т перегово́ры, заключа́ют контра́кты, и́щут но́вых клие́нтов. Как называ́ется этот отде́л?

2. Ольга Голубева <u>ведёт</u> книгу покупок и продаж, рассчитывает зарплату, работает с налоговой инспекцией, составляет годовой баланс фирмы. В каком отделе работает Ольга?

3. Сергей Воронов <u>разрабатывает</u> бизнес-план, <u>отвечает за</u> формирование бюджета компании, <u>ищет</u> инвесторов, <u>ведёт</u> переговоры с кредиторами. Кто такой Сергей Воронов?

4. В этом отделе <u>планируют</u> запасы на складе компании, <u>ищут</u> перевозчиков, <u>контролируют</u> работу экспедиторов, <u>организуют</u> инвентаризацию и сертификацию товаров для таможни и продаж. Как называется этот отдел?

5. Наталья Курочкина пишет пресс-релизы, <u>организует</u> презентации, <u>поддерживает</u> контакты с прессой. Начальником какого отдела она работает?

6. Борис Воробьёв ищет новых сотрудников, проводит собеседования, организует обучение работников компании. Кто такой Борис Воробьёв?

Б. Вставьте пропущенные глаголы в правильной форме. *Setzen Sie die fehlenden Verben in der richtigen Form ein.*

1) Наша компания (planen) .... открыть филиал в Санкт-Петербурге. 2) Мы (suchen) .... партнёров на Украине. 3) Отдел маркетинга (ausarbeiten) .... новую маркетинговую стратегию. 4) Отдел рекламы (organisieren) .... презентацию нового брэнда. 5) Для того, чтобы продукция компании успешно продавалась, необходимо (unterhalten) .... контакты с клиентами. 6) Кто в этой фирме (ist verantwortlich für) .... работу с клиентами? 7) Мы .... (führen) переговоры с банком о кредите на сумму в 1 миллиард евро. 8) Ты (kontrollieren) .... ситуацию?

Упражнение 8. Прочитайте объявления. Для каждого объявления подберите соответствующую вакансию. *Lesen Sie die Stellenanzeigen. Welcher der unten genannten Posten passt zu welcher Anzeige?*

МЕНЕДЖЕР ПО РЕКЛАМЕ	ЮРИСТ
МЕНЕДЖЕР ПО ПРОДАЖАМ	МЕНЕДЖЕР ПО ЛОГИСТИКЕ
СЕКРЕТАРЬ	ФИНАНСОВЫЙ ДИРЕКТОР

....
Муж./жен. 20 - 35 лет, в/о, неполное в/о, опыт работы по специальности от года. ПК-уверенный пользователь. Продвижение продаж и сервисных услуг. Исследования и анализ рынка, мониторинг конкурентной среды. Разработка рекламных материалов. Разработка и реализация медиа-планов. Анализ продаж, составление аналитических отчетов. Соц. пакет, испыт. срок 3 месяца. З/п 40000 руб.

....
Муж., от 25 до 35 лет, в/о. Организация, планирование и контроль движения товара от поставщиков до центрального и региональных складов. Проведение ABC/ XYZ анализа товарного запаса компании, расчет норм складского запаса, оптималь-ных объемов заказа. Разработка плана закупок. Управление периодичностью поста-вок. Управление товарными запасами. Ана-лиз ликвидности. Мониторинг и контроль за соблюдением сроков поставки.

....
Жен. до 45 лет, в/о, опыт работы в аналогичной должности обязателен, ПК-уверенный пользователь, желательно зна-ние англ. яз.. Финансовый анализ, состав-ление бюджетов, управление финансовыми потоками. Ответственность, организован-ность. З/п 80000 руб + медицинская стра-ховка.

....
Девушка 20—25 лет, презент. внешность, без комплексов. Обязанности: Планиро-вание рабочего дня руководителя, телефон, ПК, офисная техника, чай-кофе, встреча посетителей, неформальные отношения с руководителем. Требования: Хорошие внеш-ние данные, аккуратность, целеустрем-ленность, неконфликтность, без комплексов.

....
Пол: не имеет значения, от 25 до 40 лет, Образование: Не имеет значения. Поиск и привлечение клиентов, контроль оплат, работа с дебиторской задолженностью, выставки, систематизация продаж, заклю-чение договоров, хорошее знание рынка. Клиентская база желательна. З/п от $ 1500. Испытательный срок – 3 месяца, при ус-пешном прохождении может быть сокра-щен

....
Муж./жен. 25 - 50 лет, в/о. Опыт работы с договорным, трудовым, хозяйственным правом обязателен; знание налогового права; желателен опыт работы по раз-работке и заключению договоров, по представлению фирмы в судебных инстан-циях, работа в коммерческих структурах.

Сокращения - Abkürzungen

жен. – же́нщина	**англ. яз.** – англи́йский язык
муж. – мужчи́на	**в/о** – вы́сшее образова́ние (Hochschulausbildung)
ПК – персона́льный компью́тер	**з/п** – зарпла́та = за́работная пла́та (Gehalt)
соц. пакет – социа́льный паке́т	**испыт. срок** – испыта́тельный срок (Probezeit)

Es handelt sich um echte Anzeigen aus russischen Zeitungen und aus dem Internet. Wie man sieht, werden in russischen Stellenanzeigen noch immer Kriterien angeführt, die bei uns schon längst als diskriminierend verpönt sind.

Упражнение 9. Опишите структуру известной вам фирмы: какие в ней есть отделы, какие функции выполняют отдельные её сотрудники. *Beschreiben Sie den Aufbau einer Ihnen bekannten Firma: welche Abteilungen sie hat und welche Aktivitäten einzelne Mitarbeiter ausführen.*

Упражнение 10. Ваша фирма ищет русского сотрудника для своего московского офиса. Напишите объявление о вакансии при помощи приведённых ниже слов и выражений. *Ihre Firma sucht einen Mitarbeiter für das Moskauer Büro. Entwerfen Sie mit Hilfe der untenstehenden Angaben eine Stellenanzeige, charakterisieren Sie kurz die Tätigkeit Ihrer Firma, die ausgeschriebene Stelle, die Hauptaufgaben, die Anforderungen an den Bewerber und die Entlohnung, die er erwarten kann.*

До́лжность / Вака́нсия:

Информа́ция о компа́нии: кру́пная за́падная компания, рабо́тающая в о́бласти +2.F. (логи́стики/ марке́тинга/...); динами́чно развива́ющаяся компания производи́тель +2.F. (мото́ров/шокола́да/...); тра́нспортная/ юриди́ческая / инвестицио́нная / консалти́нговая / торго́вая компания, рекла́мное аге́нтство

Обя́занности: [плани́рование, изуче́ние, разрабо́тка, подгото́вка, прода́жа, организа́ция, координа́ция, прогно́з, ана́лиз, разви́тие *(Entwicklung)*, по́иск *(Suche)*, веде́ние, поддержа́ние] +2.F., управле́ние +5.F., уча́стие в +6.F., рабо́та с +5.F., ...

Тре́бования к кандида́там

Во́зраст: от ... до ...

Образова́ние: вы́сшее: техни́ческое, экономи́ческое, юриди́ческое

Профессиона́льные тре́бования: [о́пыт, зна́ние] +2.F., клие́нтская ба́за, гото́вность е́здить в командиро́вки, ...

Ли́чные ка́чества: инициати́вность, коммуника́бельность, отве́тственность *(Verantwortlichkeit)*, аккура́тность, дисциплини́рованность, организа́торский потенциа́л, уме́ние рабо́тать в кома́нде, самостоя́тельность *(Selbstständigkeit)*, креати́вность, динами́чность, целеустремленность, высо́кая рабо́то-спосо́бность

Иностра́нные языки́: английский – свободное владе́ние

Гра́фик рабо́ты: полный рабочий день; свобо́дный гра́фик

О́пыт рабо́ты: менее года; более 3х лет, жела́тельно в **

Компенсацио́нный паке́т

Зарпла́та: от ..USD/рублей; обсужда́ется; .. на испыта́тельный срок

Дополни́тельные преиму́щества: проце́нты от прода́ж, пре́мии, хоро́шие перспекти́вы карье́рного ро́ста социа́льный паке́т, имидж изве́стной междунаро́дной фи́рмы, хоро́ший коллекти́в, обуче́ние, пита́ние, корпорати́вная машина, мед. страхо́вка, оплата прое́зда и моби́льной свя́зи.

4.4. СИСТЕМА СБЫТА

Чтобы продукция компании продавалась успешно, необходима хорошо налаженная система сбыта. *Damit sich die Produkte einer Firma erfolgreich verkaufen, ist ein leistungsfähiges Vertriebssystem erforderlich.*

☻ Роберт Вагнер, коммерческий директор фирмы Фармаком
☺ Ирина Бельская, менеджер по продажам ЗАО «Биосинтез»

☺ Вы говори́ли, что ва́ша фи́рма рабо́тает **в основно́м** на э́кспорт. В каки́х стра́нах вы продаёте ва́шу проду́кцию?

☻ О́коло 70% на́шей проду́кции идёт на э́кспорт в стра́ны **ЕС**, это наш основно́й **ры́нок сбы́та**. В после́днее вре́мя **вы́рос** э́кспорт в Восто́чную Евро́пу. Де́сять лет наза́д он составля́л 1% проце́нт **от о́бщего объёма э́кспорта**, а сейча́с уже́ – **четы́ре с полови́ной** проце́нта и **продолжа́ет расти́**.

☺ А как организо́вана ва́ша систе́ма сбы́та?

☻ У нас есть ди́леры почти́ во всех стра́нах Восто́чной Евро́пы, а в не́которых - **своё** представи́тельство, как, наприме́р, в Москве́.

☺ Да, но Москва́, это ещё не вся́ Росси́я. **Как у вас с прода́жами** на Ура́ле и в Сиби́ри?

☻ К сожале́нию **пока́ ника́к**. Мы **как раз** и́щем дистрибью́торов на э́том ры́нке.

☺ У нас там широ́кий круг клие́нтов. Мы могли́ бы предложи́ть вам сотру́дничество.

☻ Интере́сное предложе́ние, **на́до обсуди́ть это подро́бнее**.

☺ Я предлага́ю вам прие́хать к нам в Новосиби́рск. Мы пока́жем вам на́шу фи́рму и обсу́дим дета́ли. А на́шего ме́неджера по сбы́ту я попрошу́ подгото́вить материа́л **о на́шей клие́нтской се́ти**.

КОММЕНТАРИИ

в основном: vor allem

ЕС = Европейское Сообщество: EU

рынок сбыта: Absatzmarkt

четыре с половиной: viereinhalb

вырос: ist gestiegen; вы́росла, вы́росло,, вы́росли. Vergangenheit von «вырасти» (v.). *Infinitiv (unv.):* расти (я расту, ты растёшь; они расту́т).

продолжает расти: wächst weiter

от общего объема экспорта: vom gesamten Exportumfang

своё представительство: unser (eigenes) Vertretungsbüro. «Свой, своя, своё, свои» ist ein reflexives Possessivpronomen und wird wie «твой, твоя, твоё, твои» dekliniert.

как у вас с продажами: wie steht es mit Ihrem Verkauf *(umgangsprachlich)*

пока никак: vorläufig überhaupt nicht

как раз: gerade

надо обсудить это подробнее: das müssen wir eingehender besprechen

о нашей клиентской сети: über unser Kundennetz

Упражнение 11. Вставьте пропущенное. *Ergänzen Sie.*

представля́ть	представи́тельства	сотру́дничество
сеть	совме́стной рабо́ты	кру́пным	деловы́е

Компа́ния «Компо́ст Интернэ́шнл» приглаша́ет ДИЛЕРОВ в регио́нах для ....! В настоя́щий моме́нт мы расширя́ем ди́лерскую .... и о́чень рассчи́тываем на то, что Вы бу́дете .... на́ши интере́сы в Ва́шем регио́не. У нас есть .... во мно́гих города́х Росси́и. Мы предлага́ем ски́дки .... клие́нтам. Наде́емся установи́ть с Ва́шей фи́рмой .... конта́кты. С нетерпе́нием ожида́ем Ва́шего отве́та, рассмо́трим любы́е предложе́ния о ....

Упражнение 12. Разыграйте диалог на основе приведённых ниже данных. *Führen Sie einen Dialog und benützen Sie dabei die untenstehenden Daten.*

☺ Sie führen für Ihre Wirtschaftszeitung eine Umfrage über die Exportaktivitäten von bedeutenden Unternehmen Ihrer Region durch.

● Als Exportleiter beantworten Sie die Fragen über die Exportaktivitäten Ihrer Firma. Ihr Gesprächspartner zeigt besonderes Interesse an Ihren Aktivitäten in Russland

Объём экспорта: 60%

Структура экспорта: США – 25%, Западная Европа – 55%, Восточная Европа и Россия – 20%

Дочерние фирмы: США, Франция, Польша, Венгрия

Представительства: более 44–х стран мира

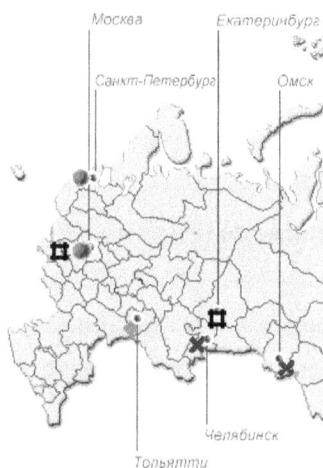

Организация сбыта в России: смотрите карту и легенду к ней.

✖	региональное отделение
⌂	представительство
●	совместное предприятие
•	сервисный центр или центр работы с заказчиками

Организация сбыта в других странах: дилеры, прямые поставки клиентам

Упражнение 13. Напишите небольшой текст об экспортной деятельности извест-ной вам фирмы, в котором бы содержались ответы на следующие вопросы. *Schreiben Sie einen kurzen Text über die Exportaktivitäten einer Ihnen bekannten Firma. Die Antworten auf die folgenden Fragen sollten enthalten sein.*

- Какую продукцию производит фирма?
- Какой процент своей продукции она экспортирует?
- В какие страны фирма экспортирует свою продукцию?
- Какие рынки можно назвать основными рынками сбыта?
- В каких странах у фирмы есть представительства/филиалы?
- Как организованы продажи в других странах?
- Предлагает ли фирма скидки крупным клиентам?

4.5. РЕКЛАМА

При наличии конкуренции на рынке ни одна фирма не может обойтись без рекламы. *Bei der vorherrschenden Konkurrenz auf dem Markt kann keine Firma ohne Werbung auskommen.*

| ☻ Роберт Вагнер |
| ☺ Ирина Бельская |

☻ Я хотел бы показать вам наши новые проспекты и каталоги.

☺ О-о-о, на русском языке!

☻ Да, конечно. **Между прочим**, нам их сделали в России, это стоило дешевле, чем у нас. **Вообще мы много внимания уделяем рекламе**. Как говорят у вас в России: **реклама – двигатель торговли.**

☺ У вас на фирме наверное есть рекламный отдел?

☻ Да, отдел рекламы и **пиар**. **Они** отвечают также за сейлз-промоушн. Кстати, как это будет по-русски?

☺ Можно сказать «стимулирование продаж», но обычно все используют английский вариант. Скажите, а что ещё вы делаете для рекламы ваших товаров в России?

☻ Ну конечно участвуем в выставках, даём рекламу в специальные журналы, устраиваем презентации, специально **для российского рынка** разработали упаковку на русском языке. А ещё наше представительство в Москве скоро откроет интернет-сайт для российских клиентов.

☻ Да, в наше время **без этого нельзя обойтись**. Сейчас в России многие компании предлагают покупателям систему заказов через интернет. Мы тоже открыли на нашем сайте интернет-магазин. У нас довольно много клиентов, которые предпочитают **оформлять заказы** в режиме он-лайн.

КОММЕНТАРИИ

между прочим: übrigens

мы много внимания уделяем рекламе: wir widmen der Werbung große Aufmerksamkeit

реклама – двигатель торговли: die Werbung ist der Motor des Verkaufs

пиар: Public Relations

они: *(gemeint)* diejenigen, die dort arbeiten

без этого нельзя обойтись: ohne das geht es nicht. *Wörtlich:* kann man nicht auskommen.

для российского рынка: für den russischen Markt. Da es in der Russischen Föderation nicht nur Russen, sondern auch zahlreiche andere Nationalitäten gibt, verwendet man «русский», wenn sich das Adjektiv nur auf Russen bezieht, und «российский», wenn es sich auf die ganze Russische Föderation bezieht.

оформлять заказы: Bestellungen aufgeben. *Vollendet:* оформить

Упражнение 14. Вставьте пропущенное. *Ergänzen Sie.*

1) Известно, что главная цель рекламы – это (Verkaufsförderung) _____. 2) (Heutzutage) _____ ни один деловой человек не может (ohne Handy   auskommen)   _____.
3) После того как наша компания открыла (Homepage) _____, число наших клиентов увеличилось. 4) Российские потребители (bevorzugen) _____ брэндовые товары. 5) Кондитерская фабрика «Красный Октябрь» разработала новый сорт шоколадных конфет, специально (für den russischen Markt) _____. 6) Фирма «Компьютерный Салон» (widmet große Aufmerksamkeit)_____ _____ корпоративному сектору рынка. 7) В какие журналы (geben Sie ihre Werbung) _____?
8) Для приготовления блюд в нашем ресторане мы (benutzen) _____ только натуральные продукты.

Упражнение 15. Для рекламы каких объектов больше всего подходят следующие виды рекламы? Приведите примеры. *Für die Bewerbung welcher Objekte eignen sich die folgenden Reklamearten am besten? Nennen Sie Beispiele.*

реклама в газете или журнале ....

проспекты, буклеты, каталоги ....

рекламная листовка (листок) ....

реклама на радио ....

телевизионная реклама ....

реклама по телефону ....

неоновая реклама ....

фирменная упаковка ....

рекламное оформление витрин ....

реклама на транспорте ....

рекламные сувениры ....

реклама в интернете ....

бесплатный пробный экземпляр ....

Упражнение 16. Выберите наиболее подходящий вид рекламы. *Wählen Sie die am besten geeignete Werbung.*

кандидат в мэры города

кондиционеры

часы

пожарная машина

косметика

дискотека

кофе

спортивная обувь

имидж компании

ресторан

ноутбук

туристическое агентство

казино

- выставочный стенд
- рекламный листок
- статья в местной газете
- телевизионный видеоклип
- рекламные плакаты
- каталог
- рекламный видеофильм
- электронное табло
- спонсорская программа
- реклама в женском журнале
- рекламная акция: розыгрыш призов
- баннерная реклама
- рекламные щиты на стадионе

Упражнение 17. Разыграйте диалог на основе приведённых ниже данных. *Führen Sie einen Dialog und benützen Sie dabei die untenstehenden Daten.*

☺ Ваша фирма, которая производит строительные материалы, хочет дать рекламу в российский строительный журнал. Узнайте нужную информацию и сделайте заказ.

● Договоритесь с иностранным клиентом о размещении рекламы его фирмы на страницах вашего журнала.

Тираж журнала – 10 000 экземпляров. Выпускается 12 номеров в год.

Условия размещения рекламы

Формат		Размер полосы, мм	Цена, USD		
			Черно-белая	Два цвета	Полноцветная
1 полоса		180×250	720	1.020	1.620
1/2 полосы		180×125	468	660	984
1/4 полосы		90×125	300	420	624
1/8 полосы		90×60	180	240	360
Обложка	2-я стр.	180×250	-	-	2.340
	3-я стр.	180×250	-	-	2.040
	4-я стр.	180×250	-	-	2.520
Рекламная статья		180×250	564	780	1020

Система скидок:

1 публикация в год – 0%   3 публикации в год – 20%
2 публикации в год – 10%   4 и более публикаций – 30%

Упражнение 18. Напишите небольшой текст об организации рекламной деятельности известной вам фирмы, в котором бы содержались ответы на следующие вопросы. *Schreiben Sie einen kurzen Text über die Werbeaktivitäten einer Ihnen bekannten Firma. Die Antworten auf die folgenden Fragen sollten enthalten sein.*

- Какой процент бюджета фирмы расходуется на рекламу?
- Какие преимущества у продукции фирмы по сравнению с продукцией конкурентов?
- Кто на фирме отвечает за рекламу?
- Какие виды рекламы использует фирма?
- Есть ли у фирмы интернет-сайт? Какая информация там размещена?

4.6. ПЕРЕГОВОРЫ

Чётко сформулированные условия договора помогают впоследствии избежать недоразумений и споров. *Klare Vertragsbedingungen helfen später Missverständnisse und Streitigkeiten zu vermeiden.*

⬤ Роберт Вагнер
☺ Ирина Бельская

⬤ Я хоте́л бы поговори́ть с ва́ми о зака́зе на витами́н С. Поста́вка про́бной па́ртии прошла́ успе́шно, мы **дово́льны ка́чеством това́ра** и **гото́вы обсуди́ть** но́вый контра́кт.

☺ Прекра́сно. **У меня́ с собо́й** есть **прое́кт догово́ра.** Како́е коли́чество вы хоте́ли бы заказа́ть?

⬤ Нам ну́жно 50 000 кг в год, с поста́вкой **па́ртиями** по 10 000 кг ка́ждый второ́й ме́сяц.

☺ А како́й **спо́соб доста́вки** вы предпочита́ете?

⬤ **Грузовико́м**, как при доста́вке про́бной па́ртии.

☺ Мы регуля́рно **отправля́ем гру́зы** в За́падную Евро́пу и могли́ бы доста́вить вам това́р **до две́ри.** Я ду́маю, что для вас это са́мый удо́бный вариа́нт.

⬤ Отли́чно, **нас это устра́ивает.** А как насчёт цены́? Мы де́лаем о́чень кру́пный зака́з и наде́емся, что вы предло́жите нам **бо́лее вы́годную це́ну**, чем при зака́зе про́бной па́ртии.

☺ Да, это возмо́жно. Мину́точку, я должна́ посчита́ть то́чную су́мму ... Мы мо́жем предложи́ть вам **5,4** е́вро за килогра́мм. Опла́та – за 4 неде́ли до нача́ла отгру́зки ка́ждой па́ртии.

⬤ **Че́стно говоря́**, я рассчи́тывал, что цена́ бу́дет не вы́ше чем 5,2 е́вро. Подожди́те, пожа́луйста, я ещё раз **прове́рю свои́ расчёты**... Я предлага́ю вам компроми́сс: мы гото́вы заплати́ть 5,3 е́вро за килогра́мм. Вы зна́ете, ва́ши конкуре́нты с Украи́ны продаю́т ещё деше́вле, но ва́ше ка́чество вы́ше. К сожале́нию, бо́льше заплати́ть **мы ника́к не мо́жем.**

☺ Но это о́чень **ни́зкая** цена́, мне на́до посове́товаться с генера́льным дире́ктором.

☻ Да-да, коне́чно, вы мо́жете позвони́ть из сосе́дней ко́мнаты, там вам никто́ не помеша́ет.

КОММЕНТАРИИ

мы дово́льны (+5.F.) **ка́чеством това́ра:** wir sind mit der Qualität der Ware zufrieden. <u>Im Russischen ohne Präposition!</u> Он дово́лен, она́ дово́льна, они́ дово́льны.

гото́вы (+Infinitiv) **обсуди́ть:** (wir) sind bereit zu besprechen. Он гото́в, она́ гото́ва, они́ гото́вы.

у меня́ с собо́й: ich habe bei mir. «С собо́й» ist der 5.F. des rückbezüglichen Fürwortes «себя́». Dieses wird wie «ты» dekliniert, hat aber keinen 1.Fall. Das Fürwort wird dann verwendet, wenn sich ein Objekt auf das Subjekt desselben Satzes bezieht. *Bsp.:* Он рассказа́л о себе́.

прое́кт догово́ра = прое́кт контра́кта: Vertragsentwurf

па́ртиями: in Teillieferungen. 5.F. Plural von „па́ртия".

спо́соб доста́вки: Liefermethode, Lieferart

грузовико́м: mit LKW. Präposition „mit" wird hier durch den 5.Fall (Instrumental) ausgedrückt.

мы регуля́рно отправля́ем гру́зы: wir versenden regelmäßig Frachtladungen

до две́ри: frei Haus. *Wörtlich:* bis zur Tür (Transportkosten trägt der Verkäufer)

нас э́то устра́ивает: das passt uns

бо́лее вы́годную це́ну: einen günstigeren Preis

5,4 = пять це́лых и четы́ре деся́тых. In der Umgangssprache sagt man «пять и четы́ре»

че́стно говоря́: ehrlich gesagt

прове́рю свои́ расчёты: (ich) überprüfe meine Kalkulation

мы ника́к не мо́жем: wir können keinesfalls

ни́зкая: niedrig(er) vs. **высо́кая:** hoh(er)

Erstaufträge lassen sich am besten im persönlichen Gespräch verhandeln. Bei Folgeaufträgen genügt dann meistens eine Mail mit Menge und Lieferzeit und dem Vermerk: alle übrigen Bedingungen wie im Vertrag (plus Nummer und Datum des letzten Vertrags).

Упражнение 19. Ответьте на вопросы, используя текст диалога. *Beantworten Sie die Fragen anhand des Dialogtextes.*

• Почему́ фи́рма «Фармако́м» хо́чет договори́ться о поста́вке витами́на С и́менно с ЗАО «Биоси́нтез»?

• Что зна́чит «до две́ри»?

• Како́й вид тра́нспорта бу́дет испо́льзован для доста́вки това́ра?

• Почему́ Ро́берт Ва́гнер рассчи́тывает на бо́лее вы́годную це́ну, чем при зака́зе про́бной па́ртии?

• Каку́ю це́ну счита́ет «вы́годной» Ири́на Бе́льская, и каку́ю – Ро́берт Ва́гнер?

• Почему Ирина Бельская не может сразу дать ответ об окончательной цене на витамин С?

Упражнение 20. Вставьте пропущенное. *Ergänzen Sie.*

Я ра́да, что вы дово́льны (mit der Qualität der Ware) ....

..............................., тепе́рь мы мо́жем обсуди́ть (Vertragsentwurf)

.... Скажи́те, в како́й валю́те вы

произво́дите (Abrechnung, Verrechnung) .... с

клие́нтами? Обы́чно в до́лларах, но е́сли вам удобнее в е́вро, то это

то́же (möglich).. . (Lieferart)

.... бу́дет зави́сеть от (Menge)

..............................., кото́рое вы хоти́те заказа́ть. Опла́та

ава́нсовым платежо́м, (30 Tage vor) .... до

нача́ла (Verladung) .... Мы наде́емся, что

вас (passen/zusagen) .... на́ши усло́вия, и

мы смо́жем (Vertrag abschließen) ....

Упражнение 21. Для каких товаров лучше всего подходят следующие способы доставки? Приведите также свои собственные примеры. *Welche Liefermethoden passen am besten für welche Waren? Erfinden Sie auch eigene Beispiele.*

книги, фру́кты, холоди́льники, цветы́, алюми́ний, докуме́нты, тра́кторы, ко́фе *(из Брази́лии в Евро́пу)*, де́ньги, шампа́нское, мя́со

Доста́вка курье́ром

....

Доста́вка по́чтой

....

Доста́вка автомоби́льным тра́нспортом: грузовико́м

....

Доста́вка железнодоро́жным тра́нспортом: по́ездом, бага́жным ваго́ном

....

Доста́вка возду́шным тра́нспортом / во́здухом: самолётом

....

Доста́вка во́дным (морски́м / речны́м) тра́нспортом: морски́м или речны́м конте́йнером

....

Упражнение 22. Что вы скажете в следующих ситуациях?
Was sagen Sie in folgenden Situationen:

➤ Sie finden den Preis, der Ihnen angeboten wird, zu niedrig.

➤ Sie können einen bestimmten Preis per Kilo anbieten.

➤ Sie sind mit der Qualität der Waren zufrieden.

➤ Sie hoffen, dass Ihnen ein besserer Preis angeboten wird.

➤ Sie haben mit einem bestimmten Preis gerechnet und sind nicht bereit, mehr zu bezahlen.

➤ Sie wollen die Ware in Teillieferungen erhalten.

Упражнение 23. Распределите следующие условия оплаты в зависимости от степени их надёжности для продавца. *Ordnen Sie die folgenden Zahlungsbedingungen nach ihrer Sicherheit für den Verkäufer.*

предоплата	**документы против оплаты** (Zahlung gegen Dokumente)
подтверждённый аккредитив	**платёж на открытый счёт** (offene Rechnung)
банковская гарантия	**аккредитив**

очень надёжно****   надёжно***

....

менее надёжно**   ....

....   ненадёжно*

....

Упражнение 24. Каким способом оплаты вы воспользуетесь в следующих ситуациях? Возможны несколько вариантов для одной ситуации. *Welcher Zahlungsart würden Sie sich in den folgenden Situationen bedienen? Es kann für eine Situation mehrere Zahlungsmöglichkeiten geben.*

наличные	**почтовый перевод**	**вексель**
банковский перевод	**банкоматская карточка**	
банковский чек	**перевод через интернет**	**кредитная карточка**

1. Вы покупаете в магазине стиральную машину.

....

2. Вам доставили 50 компьютеров от оптового продавца.

....

3. Вам надо заплатить за работу переводчику.

....

4. Вы заказываете билеты на самолёт через интернет.

....

5. Вам нужно купить почтовую марку.

....

6. Вы должны сделать предоплату за поставку 3-х тонн сахара.

....

7. Вам надо заплатить за электричество и телефон.

....

8. Вам нужно послать деньги знакомым в другой город.

....

Упражнение 25. Подберите подходящие сочетания. *Welche passen zusammen? Verbinden Sie.*

контéйнер	пи́во
коро́бка	кирпи́ч
я́щик	во́дка
паллéта/поддо́н	са́хар
мешо́к	па́мперсы
упако́вка	ва́та
то́нна	зо́лото
литр	цемéнт
метр	телеви́зор
куби́ческий метр	бана́ны
килогра́мм	сыр
грамм	шафра́н
у́нция	ка́бель

Упражнение 26. **Разыграйте следующий диалог.**

Führen Sie einen Dialog nach folgenden Angaben:

☺ Компа́ния, в кото́рой вы рабо́таете ме́неджером по прода́жам, вы́пустила на ры́нок но́вую моде́ль те́ннисной раке́тки. Ваш ру́сский ди́лер хо́чет сде́лать кру́пный зака́з. Договори́тесь о коли́честве, сро́ках поста́вки, цене́ и други́х усло́виях.

☻ Вы уже́ давно́ сотру́дничаете с изве́стной за́падной фи́рмой, кото́рая произво́дит спорти́вное обору́дование. Вас заинтересова́ла их но́вая моде́ль те́ннисной раке́тки. Вы хоти́те заказа́ть 50 000 штук. Обсуди́те усло́вия зака́за.

Упражнение 27. **Разыграйте следующий диалог.**

Führen Sie einen Dialog nach folgenden Angaben:

☺ Sie sind Einkaufsmanager der Fa. Plastmed und besuchen Hrn Herbert Dorfer, Verkaufsleiter der Fa. Polynorm. Verhandeln Sie mit ihm den Einkauf von 500 Tonnen Polystyrol.

☻ Sie sind Herbert Dorfer und möchten Polystyrol an Plastmed verkaufen. Sie einigen sich über die Bedingungen und versprechen, den Vertragsentwurf vorzubereiten.

4.7. ОБРАЗЕЦ ДОГОВОРА

Значительная часть продукции ЗАО «Биосинтез» экспортируется в страны западной Европы. Недавно российское предприятие заключило очередной контракт с одним из своих постоянных партнёров. *Firma Biosintes exportiert einen beträchtlichen Teil ihrer Produktion nach Westeuropa. Vor kurzem hat das russische Unternehmen einen weiteren Vertrag mit einem seiner Stammkunden abgeschlossen.*

Контракт № 12634359-3

г. Новосибирск   16 августа 20ХХ г.

ЗАО «Биосинтез», г. Новосибирск, Россия, именуемый в дальнейшем «Продавец», с одной стороны, и фирма «Agrotrade», г. Вена, Австрия, именуемая в дальнейшем «Покупатель», с другой стороны, заключили настоящий контракт о нижеследующем:

ПРЕДМЕТ КОНТРАКТА

Витамин С (аскорбиновая кислота).

КАЧЕСТВО

В соответствии со стандартной спецификацией Продавца.

УСЛОВИЯ ПОСТАВКИ

ФОБ Санкт-Петербург (согласно Инкотермс-2000 г.). Страна назначения – Испания.

КОЛИЧЕСТВО и ЦЕНА

45.000 кг по цене 5,1 долларов США за 1 кг.

ОБЩАЯ СУММА КОНТРАКТА

229.500 долларов США.

СРОК ПОСТАВКИ

Сентябрь 20ХХ года.

УПАКОВКА И МАРКИРОВКА

Препарат должен быть упакован в картонные короба с полиэтиленовым вкладышем, весом 25 кг. Каждая упаковка должна быть маркирована следующим образом:

а) наименование продукта   г) срок годности
б) вес брутто-нетто кг   д) дата изготовления
в) номер партии   е) грузополучатель

УСЛОВИЯ ПЛАТЕЖА

100% – предоплата в долларах США банковским переводом. Оплата производится в срок с 1 по 4 сентября 20ХХ г.

ДОКУМЕНТЫ: На каждую партию товара Продавец предоставляет Покупателю следующие документы:

1) транспортная накладная (коносамент) – 1 экз.

2) упаковочный лист – 3 экз.

3) сертификат анализа – 3 экз. (1 экз. на каждую партию)

4) грузовая таможенная декларация – 1 экз.

5) коммерческий счёт – 3 экз.

6) сертификат происхождения товара – 1 экз.

Все сопроводительные документы должны быть оформлены на английском языке.

ФОРС-МАЖОР

В случае, если одна из сторон не имеет возможности выполнить свои обязательства из-за обстоятельств непреодолимой силы, а именно: пожара, стихийных бедствий, войны, военных операций любого характера, блокады, срок исполнения обязательств отодвигается соразмерно времени, в течение которого действовали такие обстоятельства.

Если эти обстоятельства будут продолжаться более 3 месяцев, то каждая из сторон имеет право отказаться от дальнейшего исполнения обязательств по настоящему Договору, и в этом случае ни одна из сторон не имеет права требовать от другой стороны возмещения возможных убытков.

ОБЩИЕ УСЛОВИЯ

1) Датой поставки товара считается дата оформления коносамента.

2) Все банковские расходы и комиссии, связанные с исполнением настоящего контракта, вне России оплачиваются Покупателем, а в России оплачиваются Продавцом.

3) В течение 3-х дней с момента отгрузки товара Продавец обязан известить Покупателя о произведённой отгрузке.

4) Стороны не имеют права передать выполнение контракта третьей стороне без письменного согласия другой стороны.

5) Все споры, которые могут возникнуть в связи с контрактом, и не могут быть урегулированы путём переговоров, передаются для решения в Международный Коммерческий Арбитраж при Торгово-Промышленной Палате, г. Москва (Россия). Решение Арбитражного суда является окончательным и обязательным для обеих сторон.

6) Все изменения и дополнения к настоящему контракту действительны только в том случае, если они сделаны в письменной форме и подписаны обеими сторонами.

7) Контракт вступает в силу с момента его подписания обеими сторонами.

8) Срок действия контракта – до 31 декабря 20ХХ года.

БАНКОВСКИЕ РЕКВИЗИТЫ ПОКУПАТЕЛЯ: **БАНКОВСКИЕ РЕКВИЗИТЫ ПРОДАВЦА:**

....

АДРЕС ПОКУПАТЕЛЯ: **АДРЕС ПРОДАВЦА:**

....

Покупатель _____   Продавец _____

Упражнение 28. Ответьте на вопросы, используя текст контракта. *Beantworten Sie die Fragen aufgrund des Vertragstextes.*

1. Какой товар продаёт продавец?
2. По стандартам какой страны оценивается качество товара?
3. Где покупатель получит товар?
4. Что такое ФОБ (франко-борт)?
5. Сколько килограммов должна весить одна упаковка препарата?
6. В какой валюте про изводится оплата?
7. Какой тип платежа используется?
8. Какие форс-мажорные обстоятельства вы знаете?
9. Если между покупателем и продавцом возникнет серьёзный конфликт, то Арбитражный суд какой страны будет решать этот конфликт?
10. Если одна сторона захочет изменить контракт, она сможет это сделать по телефону?

Упражнение 29. Найдите в тексте договора русский эквивалент следующих слов и выражений. *Suchen Sie im Vertragstext das russische Äquivalent zu den folgenden Wörtern und Redewendungen.*

VERPACKUNG UND MARKIERUNG:	
Ablaufdatum	*срок годности*
Empfänger der Ware	*грузополучатель*
ALLGEMEINE BEDINGUNGEN	
HÖHERE GEWALT	
LIEFERBEDINGUNGEN	
LIEFERFRIST	
QUALITÄT	
ZAHLUNGSBEDINGUNGEN	
MENGE UND PREIS	
VERTRAGSGEGENSTAND	
DOKUMENTE:	*ДОКУМЕНТЫ:*
Frachtbrief	
Zolldeklaration	
Rechnung	

Упражнение 30. Заполните пробелы в тексте договора. *Ergänzen Sie.*

....

Продавец поставляет, а покупатель принимает и оплачивает пшеницу (Weizen) продовольственную на условиях ФОБ Одесса.

ОБЪЕМ ПОСТАВКИ, ЦЕНА и ОБЩАЯ .... КОНТРАКТА

1. .... составляет 3000 метрических тонн +/– 5%.

2. Цены зафиксированы в долларах США и составляют 152 доллара США. .... 1 (одну) метрическую тонну.

3. .... стоимость поставки составляет 456000 (четыреста пятьдесят шесть тысяч) долларов США.

....

Качество товара, поставляемого по настоящему контракту должно соответствовать ГОСТу № XX В случае несоответствия качества данным по договору, Покупатель оставляет за собой право расторгнуть договор в одностороннем порядке, о чём письменно уведомляет продавца в течение 5 дней.

СРОКИ И УСЛОВИЯ ПОСТАВКИ

1) Условием поставки и её оплаты является письменное уведомление продавца в адрес Покупателя о готовности партии товара к ....

2) Товар отгружается в течение одного месяца с момента поступления аккредитива судовой партией в 300 тонн.

3) Страна .... – Египет

....

Оплата .... путем безотзывного .... в течение 7 дней с момента получения письменного уведомления продавца о готовности партии товара к отгрузке.

Аккредитив реализуется на основании следующих ....

- счёта-фактуры – 1 оригинал и 2 подписанные копии;

- 3/3 оригиналов чистого бортового коносамента;

- сертификата качества Продавца;

....

Товар поставляется насыпью в судах, фрахтуемых Покупателем и за счёт Покупателя.

ОТВЕТСТВЕННОСТЬ СТОРОН

За просрочку/задержку отгрузки товара Продавец выплачивает Покупателю штраф в размере 0,5 % от стоимости партии товара за каждый день просрочки, но не более 8 % .... контракта.

СРОК ДЕЙСТВИЯ КОНТРАКТА

Настоящий контракт вступает в силу с .... его подписания и предоставления действующей экспортной лицензии.

ГРАММАТИЧЕСКИЙ КОММЕНТАРИЙ

In Verträgen kommt häufig die grammatische Form des Partizip Präteritum Passiv (PPP) vor, und zwar meistens in der Kurzform:

Договор **подписан**	Der Vertrag ist unterschrieben
Договор будет **подписан**	Der Vertrag wird unterschrieben
Договор был **подписан**	Der Vertrag wurde unterschrieben
Договор должен быть **подписан**	Der Vertrag muss unterschrieben werden

FAUSTREGEL: das PPP wird vom Infinitiv des vollendeten Verbs gebildet.

Verben der e-Konjugation:　　**Verben der i-Konjugation:**

подпис-а́ть → подпи́с-АН　　получ-и́ть → получ-ЕН

Bei Verben der i-Konjugation mit Lautwandel zeigt sich dieser Lautwandel auch im PPP:

отпра́вить　(1.P: отпра́вЛю)　отправЛен, -а, -о, -ы
оплати́ть　(1.P: оплаЧу́)　опла́Чен, -а, -о, -ы

Die Kurzform des PPP wird mit dem Hauptwort in Geschlecht und Zahl übereingestimmt und nicht abgewandelt.

Упражнение 31. Заполните таблицу. *Ergänzen Sie die Tabelle*

сделать	сделан	будет сделан	должен быть сделан
подписать	....	....	должен быть подписан
получить	получен	....	должен быть ....
отправить	....	....	....
оплатить	....	....	....
заказать	....	будет заказан	....
упаковать	....	....	....

Упражнение 32. Вставьте подходящие по смыслу глаголы в правильной форме. *Fügen Sie die passenden Verben in der richtigen Form ein.*

1) Догово́р (wird unterschrieben) .... 18 сентября́. 2) Това́ры (müssen abgeschickt werden) .... как мо́жно быстре́е. 3) Това́ры (müssen verpackt werden) .... очень аккура́тно. 4) Скажи́те, когда́ (wird bezahlt) .... этот счёт? 5) Груз (wurde erhalten) .... 12 ма́рта. 6) Биле́ты на самолёт уже́ (wurden bestellt) ....

ДЕЛОВАЯ ПЕРЕПИСКА

5.1   Почтовый адрес 94

5.2   Образец делового письма 96

5.3   Словарь клишированных выражений 97

5.4   Запрос 99

5.5   Ответ на запрос 101

5.6   Каталог товаров *(иллюстрация)* 104

5.7   Заказ 105

5.8   Коммерческий заказ через интернет *(иллюстрация)* 107

5.9   Подтверждение заказа.................................... 108

5.10   Переписка по электронной почте в связи
        с поставкой 109

5.11   Рекламация 112

5.1. ПОЧТОВЫЙ АДРЕС

Такой порядок написания почтового адреса установлен "Правилами оказания услуг почтовой связи", утвержденными в 1997 году. Обратите внимание, как пишется фамилия адресата. *Laut „Richtlinien der (russ.) Post" von 1997 ist eine Adresse gemäß dem nachfolgenden Muster zu schreiben. Beachten Sie auch, wie man im Russischen „z.H. Hrn Manilow" schreibt.*

ООО «Газинвест»,
В. В. Манилову,
ул. Уральская, д.6/6,
Москва, 107207,
Российская Федерация.

Manchmal erhält man noch Briefe, die nach der früher üblichen Form adressiert sind. Dabei wurde die Adresse in umgekehrter Reihenfolge geschrieben: das Land zuoberst, darunter die Stadt, die Straße, und erst zuletzt der Name des Empfängers.

Некоторые общепринятые сокращения - einige übliche Abkürzungen			
обл.	– о́бласть (Region)	**наб.**	– на́бережная (Uferstraße)
г.	– го́род (Stadt)	**бул. / б-р**	– бульва́р (Boulevard)
ул.	– у́лица (Straße)	**д.**	– дом (Haus)
пр. / просп.	– проспе́кт (Avenue)	**корп.**	– ко́рпус (Gebäude, Block)
пл.	– пло́щадь (Platz)	**стр.**	– строе́ние (Bau, Gebäude)
пер.	–переу́лок (Gasse)	**кв.**	–кварти́ра (Wohnung)

Упражнение 1. Ваш партнёр звонит вам, чтобы узнать несколько нужных ему адресов. Продиктуйте по телефону следующие адреса. *Ihr Partner ruft Sie an und will einige Adressen wissen. Geben Sie ihm die nachfolgenden Adressen telefonisch durch.*

✓ г. Ирку́тск, пл. К. Ма́ркса, д. 4, кв. 19

✓ г. Уфа́, Центра́льный пр-т, д. 18, корп. 2

✓ Новосиби́рск, пер. Хлебный 13

✓ Москва́, Сире́невый б-р., д. 6, стр. 1, офис 3

Как говорят в России - Wie sagt man es in Russland

Welche Familiennamen werden dekliniert und welche nicht?

Dekliniert werden:

1. männliche Familiennamen, die auf einen Konsonanten enden. (Че́хов, Бу́нин, Блок, Фи́шер, Мале́вич, Ко́ган).
2. weibliche Familiennamen auf **-ина, -ова** (Шукшина́, Ивано́ва)
3. männliche und weibliche Familiennamen, die auf ein unbetontes -a, -я enden. (Фо́нда, Бе́рия).

Bsp.: проза Чехова, говорить с Фишером, позвонить Когану, послать факс Ивановой, видеть Фонду, не любить Берию.

Sonderfall: männliche und weibliche Familiennamen mit Adjektivform werden dekliniert, wie das Adjektiv. (Канди́нский, Плисе́цкая)

Bsp.: Письмо кому? – Стравинскому / Плисецкой.

Nicht dekliniert werden:

1. weibliche Familiennamen, die auf einen Konsonanten enden (Шмидт, Фишер, Розенталь).
2. männliche und weibliche Familiennamen auf **-ых/-их, -ко/о, -е, -и, -у/-ю** (Черны́х, Жива́го, Кра́вченко, Буре́, Дали́, Чауше́ску).

Bsp.: встретиться с госпожой Шмидт, пригласить Ирину Розенталь, диктатура Чаушеску, рассказать о Живаго, интересоваться Дали.

Упражнение 2. Употребите существительные, стоящие в скобках, в нужном падеже. *Versehen Sie die Hauptwörter/Namen in Klammern mit den richtigen Fallendungen.*

- Биография президента США.. (Рузвельт).
- Вы уже знакомы с ....(госпожа Смит)?
- Я не люблю музыку .... (Стравинский).
- Надо позвонить нашему клиенту................................. (господин Дашкевич).
- Могу я поговорить с .... (Ольга Грубер)?
- По радио передают Пятую симфонию .... (Малер).
- Нейрохирургическая клиника имени .... (Бурденко).
- Это письмо директору фирмы ....(госпожа Смирнова).

5.2. ОБРАЗЕЦ ДЕЛОВОГО ПИСЬМА

В наше время господства интернета, традиционные деловые письма пишутся уже довольно редко, тем не менее, надо уметь пользоваться этой «устаревшей» формой коммуникации. *Traditionelle Geschäftsbriefe werden heute im Zeitalter des Internets nur noch selten geschrieben. Dennoch sollten Sie mit dieser „veralteten" Form der Kommunikation vertraut sein:*

ООО «ГИГАНТ»
125167, г. Москва, Ленинградский проспект 16
Тел.: +7 095 974-20-14, Факс:+7 095 207-53-12
E-mail: mail@gigant.ru

Заголовок

Адресат

Генеральному директору
И. В. Куликовой

Пометки

№ 03-02-04/189

5 апреля 20.... г.   **Дата**

О контракте № 60038/2   **Указание на содержание письма**

Уважаемая Ирина Владимировна!   **Обращение**

Текст письма

....
....
....

Приложение

Приложение: на 3 листах в 1 экземпляре

Фо́рмула ве́жливости

С уважением   **По́дпись**

Главный бухгалтер   М.И. Попова

Упражнение 3. На основе образца переведите на русский язык следующие выражения. *Übersetzen Sie mithilfe des Briefmusters die folgenden Ausdrücke ins Russische:*

Beilage ………………………… Grußformel …………………………..

Brieftext …………………………. Datum …………………………..

Unterschrift ……………………… Briefkopf …………………………...

Anrede ………………………….. Empfänger …………………………..

Bezugszeichen …………………… Betreff …………………………...

5.3. СЛОВАРЬ КЛИШИРОВАННЫХ ВЫРАЖЕНИЙ

Ниже перечислены основные элементы делового письма и их наиболее типичные варианты. *Nachstehend die wichtigsten Elemente eines Geschäftsbriefes und dazu die gebräuchlichsten Phrasen.*

ДАТА - DATUM	
9 июня 2005 г. или 09.06.2005	9. Juni 2005 oder 09.06.2005
УКАЗАНИЕ НА СОДЕРЖАНИЕ ПИСЬМА – BETREFF	
Кас.:(касательно)+2.F. аккредитива № 5 Тема: деловые переговоры О продаже (контракте, и так далее)	Betrifft: Akkreditiv Nr. 5 Betrifft: Geschäftsverhandlungen Über Verkauf (Vertrag, usw.)
ОБРАЩЕНИЕ – ANREDE	
Уважаемые дамы и господа! Уважаемые партнёры! Уважаемый господин X! Уважаемая госпожа Y!	Sehr geehrte Damen und Herren! Sehr geehrte Partner! Sehr geehrter Herr X! Sehr geehrte Frau Y!
ТЕКСТ ПИСЬМА – BRIEFTEXT	
Введение	**Einleitung**

В ответ на +4.F.   Ваше письмо от
                  Ваш запрос
 	
Ссылаясь на   Вашу просьбу
                  нашу   договорённость
Согласно +3.F   вашей просьбе
                  нашей договоренности
                  нашему телефонному разговору
 	
На основании +2.F.   протокола
	In Beantwortung Ihres Briefes vom
	                    Ihrer Anfrage
	
	Bezugnehmend auf Ihre Bitte
	                    unsere Absprache
	Gemäß Ihrer Bitte
	          unserer Vereinbarung
	          unserem Telefongespräch
	
	Auf Grund des Protokolls

Основной текст	**Haupttext**

(Мы)   посылаем
       подтверждаем
       приглашаем
       получили
	Wir schicken, senden
	       bestätigen
	       laden ein
	       haben erhalten

Сообщение	**Mitteilung**
Сообщаем (Вам), **что,** Доводим до Вашего сведения, ... (Мы) рады сообщить Вам, ... **К сожалению,** мы вынуждены сообщить Вам, ... мы должны поставить Вас в известность, …	Wir teilen (Ihnen) mit, **dass** Wir bringen ihnen zur Kenntnis, ... Wir freuen uns, Ihnen mitteilen zu können, **Leider** müssen wir Ihnen mitteilen, ... müssen wir Sie davon in Kenntnis setzen, ...

Просьба – Благодарность		Bitte – Dank	
Мы просим Вас,	прислать сообщить подтвердить	**Wir bitten Sie,**	zu schicken mitzuteilen zu bestätigen
Мы благодарим вас, за	Ваше письмо	**Wir danken Ihnen für**	Ihren Brief
Мы благодарны Вам, за	Ваш запрос то, что...	**Wir sind Ihnen dankbar für**	Ihre Anfrage dafür, dass...
Заключение		**Abschluss**	
Просим (Вас) + Infinitiv		**Wir ersuchen (Sie)**	
рассмотреть наше предложение		unser Angebot zu prüfen	
прислать ответ как можно быстрее		so schnell wie möglich zu antworten	
ответить нам до 20 июля с.г.		uns bis zum 20. Juli d.J. zu antworten	
ответить нам не позже/позднее 10 мая с.г.		uns bis spätestens 10. Mai d.J. zu antworten	
ПРИЛОЖЕНИЕ – BEILAGE			
заказ № .... на 2 л. в 3 экз. (на двух листах в трёх экземплярах)		Bestellung Nr...	
образец, спецификация		auf 2 Seiten in 3 Exemplaren	
сертификат качества		Muster, Spezifikation	
сертификат о происхождении		Qualitätsgutachten	
инструкция по эксплуатации		Ursprungszeugnis	
технические характеристики		Bedienungsanleitung	
экспертиза		technische Daten	
счёт-фактура		Gutachten	
		Rechnung	
ФОРМУЛА ВЕЖЛИВОСТИ – GRUSSFORMEL			
С уважением		Hochachtungsvoll, mit freundlichen Grüßen	

„С уважением", ist praktisch die einzige übliche Grußformel, sie ist neutral und passt immer.

5.4. ЗАПРОС

Общество с ограниченной ответственностью
«ЭЛЕКТРОЦЕНТР»
630108, г. Новосибирск, ул. Широкая 36
Телефон:(3832) 23-44-84 **Факс:** (3832) 23-36-32
E-mail: ektr@mail.nsk.ru

Коммерческому
директору
ЗАО «Электроимпорт»
г-ну Живаго

10 сентября 20ХХ г.

Уважаемый господин Живаго!

Наша компания уже более 8 лет успешно работает **на рынке бытовой техники** Новосибирска. Мы специализируемся на **оптовой торговле бытовыми электроприборами** известных зарубежных фирм.

Нас заинтересовало Ваше **рекламное объявление** в журнале «Бытовая Техника». Просим прислать нам Ваш актуальный каталог и прайслист для оптовых заказов, а также сообщить нам Ваши условия поставки и платежа. **Мы заинтересованы в** срочной поставке.

Заранее благодарны.

С уважением,

Менеджер по закупкам   Л.М. Шейкин

Im russischen Geschäftsbrief werden Absätze meistens durch Einrücken (ca. 5 × Leertaste) des ersten Wortes gekennzeichnet. Eine Leerzeile zwischen den Absätzen ist nicht üblich.

КОММЕНТАРИИ

г-ну: господину

на рынке бытовой техники: auf dem Markt für Haushaltsgeräte

мы специализируемся на (+6.Fall) оптовой торговле бытовыми электроприборами: wir spezialisieren uns auf den Großhandel von Haushaltselektrogeräten

рекламное объявление: Anzeige, Werbung

мы заинтересованы в (+6.Fall): wir sind an ....interessiert

заранее благодарны: danke im Voraus

менеджер по закупкам: Einkaufsmanager

Упражнение 4. Напишите следующие письма.
Schreiben Sie folgende Briefe:

1) Вы менеджер по закупкам фирмы «Пластмед», которая производит различные типы пластиковой упаковки. Вы узнали от вашего делового партнёра, что компания «Полимер» предлагает полистирол для производства упаковки медицинских и косметических препаратов. Вас интересуют его технические характеристики и цена.

2) На выставке «Фарма-20XX» вы посетили стенд Уральского витаминного завода (ОАО "Уралвит"). Ваша фирма занимается производством и продажей фармацевтических препаратов, в том числе и витаминных комплексов. Вас особенно интересует витамин С (аскорбиновая кислота). Вы хотите получить предложение на поставку витамина С на условиях ФОБ Санкт-Петербург.

3) Sie importieren Büromaterial (канцелярские товары). Sie haben gehört, dass die Firma A. Schmidt AG verschiedene Papiersorten in guter Qualität und zu günstigen Preisen (по выгодным ценам) anbietet. Schreiben Sie eine Anfrage für Kopierpapier (копировальная бумага). Ersuchen Sie auch um Zusendung einiger Muster (образцы).

4) In Ihrem Juweliergeschäft (ювелирный магазин) in St. Petersburg verkaufen Sie auch Uhren von namhaften ausländischen Firmen. Sie schreiben an die Vertretung eines Schweizer Uhrenherstellers (часовая фирма) in Moskau mit dem Ersuchen, Ihnen einen Katalog der aktuellen Armbanduhrkollektion (коллекция наручных часов) mit Preisen zu schicken.

5) Wählen Sie selbst ein Ihnen bekanntes Produkt und schreiben Sie dafür eine Anfrage.

5.5. ОТВЕТ НА ЗАПРОС

Электроимпорт
125167, г. Москва, Ленинградский проспект 16а
Тел: 8 (095) 956-6021, Факс: 8 (095) 956-6029
E-mail: elektro-office@post.ru

ООО «Электроцентр»
Отдел закупок
Л.М. Шейкину

16 сентября 20ХХ г.
Кас.: запроса на бытовую технику

Уважаемый господин Шейкин!

В ответ на вашу просьбу от 10 сентября мы с удовольствием посылаем Вам в приложении подробный каталог с ценами на **интересующие Вас** товары. Как вы увидите из каталога, наша компания предлагает **широкий ассортимент** бытовых электроприборов известных зарубежных фирм.

Условия оплаты: 50% предоплата, 50% **с отсрочкой платежа** до 15 дней со дня отгрузки товара.

Способ оплаты: банковский перевод.

Срок отгрузки: в течение 2-х дней с момента **поступления предоплаты** на наш **расчетный счет**.

Цены понимаются **со склада** в Москве, **без учета НДС**.

В зависимости от объема заказа **мы готовы предоставить скидку.** Надеемся, что вас заинтересует наше предложение, и **мы найдём в вашем лице** надёжного делового партнёра. Будем рады ответить на любые ваши вопросы.

Приложение: 1) каталог бытовых электроприборов
                    2) прайслист

С уважением,
Коммерческий директор   И. В. Живаго

КОММЕНТАРИИ

на интересующие Вас товары: für die gewünschten Artikel. *Wörtlich:* für die Sie interessierenden Artikel. (интересующие = Partizip Präsens Aktiv)

широкий ассортимент: ein breites Sortiment

с отсрочкой платежа: mit Zahlungsziel

способ оплаты: Zahlungsart

срок отгрузки: Versandtermin

поступления предоплаты: Eingang der Vorauszahlung

расчётный счёт: (Verrechnungs)konto

без учёта НДС (нало́г на добавочную стоимость): excl. MwSt; с учётом НДС – inkl. MwSt

в зависимости от объёма заказа: abhängig von der Auftragsgröße

мы готовы предоставить скидку: wir sind bereit Rabatt zu gewähren.

со склада: ab Lager

мы найдём в вашем лице: wir finden in Ihnen (in Ihrer Person)

Weitere nützliche Phrasen	**Другие полезные фразы**
Wir freuen uns über Ihr Interesse an unseren Produkten.	Мы рады Вашему интересу к нашим изделиям / к нашей продукции.
freibleibendes Angebot	свободное предложение / предложение без обязательств (2.F.Pl.)
Festangebot	твёрдое предложение
unter folgenden Bedingungen	на следующих условиях
Das vorliegende Angebot ist gültig bis 1.12.20XX.	Настоящее предложение действительно до 1 декабря 20XX года.
<u>*Wir übersenden Ihnen*</u> .... *mit getrennter Post* .... *als eigenes Paket*	<u>Мы высылаем Вам</u> .... отдельной почтой .... отдельным пакетом
Wir hoffen auf rasche Antwort.	Надеемся на скорый ответ.

Упражнение 5. Напишите следующие письма.
Schreiben Sie folgende Briefe:

1) **В ответ на** запрос из фирмы «Пластмед» вы можете предложить полистирол типа 152 ЕК. Сообщите, что в приложении вы посылаете подробное описание товара с указанием цены, а также условия поставки и платежа.

2) Сделайте предложение на поставку витамина С. на условиях ФОБ Санкт-Петербург. Платёж: 100% предоплата. Цена: 6 евро за кг. Срок поставки: 10-12 недель. Вы готовы предоставить скидку в 5% от обычной цены, если объём заказа будет больше 20000 кг.

3) Sie danken dem Interessenten für seine Anfrage nach Kopierpapier und übermitteln in der Anlage das gewünschte (интересующий Вас) Muster. Sie schicken auch Ihren Gesamtkatalog mit Preisliste. Die Preise verstehen sich ab Werk (франко-завод) und sind bis Ende des Jahres gültig (действительны до конца года). Bei Bestellungen über (при заказе на сумму более) € 3.000 gewähren Sie 3%, ab € 5.000 5% Rabatt. Sie hoffen, dass die Möglichkeit besteht, ein Geschäft abzuschließen.

4) Sie danken dem Juwelier für seine Anfrage, schicken Katalog und Preisliste und weisen darauf hin, dass Sie ein breites Sortiment Armbanduhren mit klassischem und modernem Design anbieten. Ihre Preise entsprechen (соответствуют +3.Fall) der hohen Qualität Ihrer Produkte.

5) Beantworten Sie die Anfrage für ein Produkt Ihrer Wahl.

5.6. КАТАЛОГ ТОВАРОВ: Некоторые позиции из каталога бытовой электротехники. *Einige Positionen aus dem Katalog für Haushaltsgeräte:*

 Кофеварка Bosch TKA 1201	**Арт. № 135.467** • Мощность 750 Вт • Кофейник на 8 чашек с индикатором уровня и крышкой • Размер фильтра 1x4 • Нагревательный элемент из высококачественной нержавеющей стали • Держатель фильтра с каплеотсекателем
 Philips GC 4005 **Утюг серии Azur 4000**	**Арт. № 174.347** • Мощность – 2200 Вт • Подача пара до 40 г/мин • Паровой удар до 95 г/мин • Удаление накипи • Вертикальное отпаривание • Вертикальный паровой удар • Противокапельная система • Распылитель воды
 Electrolux Z 5660 **Пылесос серии Oxygen**	**Арт. № 181.246** • Мощность двигателя 1700 ВТ • Максимальная мощность всасывания 440 аэроВатт • Выпускной моющийся фильтр O2 HEPA H13 • Угольный моторный фильтр • Радиус действия 12м • Функция отключения при перегреве.
 Стиральная машина **INDESIT W 63 T**	**Арт. № 195.300** • Возможность загрузки 5 кг • 23 программы стирки • Скорость вращения центрифуги – 600 об/мин • Регулируемый термостат • Класс стирки – А • Класс потребления энергии – А • Габаритные размеры см: 85x59,5x52,5

Электроимпорт, 125167, г. Москва, Ленинградский проспект 16а
Тел: 8 (095) 956-6021, Факс: 8 (095) 956-6029, E-mail: elektro-office@post.ru

5.7. ЗАКАЗ

ООО «ЭЛЕКТРОЦЕНТР»

630108, г. Новосибирск, ул. Широкая 36, Телефон:(3832) 23-44-84,
Факс: (3832) 23-36-32, E-mail: ektr@mail.nsk.ru

факсимильное сообщение

Кому:	Живаго И. В.	Факс:	956-6029
От:	Шейкина Л. М.	Дата:	26.09.ХХ
Копия:		Страниц: 1	
		Исх. №:	А3/503

Тема: заказ на бытовые электроприборы

☐ срочно   ☐ требует ответа   ☐ **для ознакомления**

☐ **вернуть с пометками**   ☐ подтвердить получение

Уважаемый господин Живаго!

На основании Вашего актуального каталога и прайслиста мы хотели бы заказать следующие позиции:

Артикул №	Наименование товара	Кол-во/**шт.**
135.467	Кофеварка Bosch TKA 1201	50
141.212	Миксер Moulinex BM5	70
174.349	Утюг Braun PV 3102	50
189.300	Пылесос Electrolux Z 5637	25

Срок поставки: **10 единиц по каждой позиции** в течение 2-х дней **с момента поступления платежа**, остальное в течение 4-х недель. Ссылаясь на наш телефонный разговор от 20-го сентября, благодарим за Ваше согласие **предоставить 2% скидку**. Просим подтвердить наш заказ и сообщить нам Ваши банковские реквизиты.

С уважением,   /Л.М. Шейкин/

КОММЕНТАРИИ

Исх. № (исходный номер): Ausgangsnummer

для ознакомления: zur Kenntnisnahme

вернуть с пометкам: mit Bemerkungen zurück

шт. (штук): St. (Stück)

10 единиц по каждой позиции: je 10 Einheiten (10 Einheiten für jede Position)

с момента поступления платежа: ab Zahlungseingang

предоставить 2% скидку: 2% Rabatt gewähren

Упражнение 6. Сделайте следующие заказы.
  Schreiben Sie Bestellungen wie folgt:

1) Напишите заказ на полистирол марки 152 ЕК. Объем заказа – 300 тонн по цене 750 €/тн (евро за тонну). Цена понимается FCA (франко-перевозчик) и включает стоимость упаковки и маркировки. Способ оплаты – аккредитив. Срок поставки: 12 недель с момента получения аккредитива. Сообщите информацию о фирме-экспедиторе (адрес, номер телефона, средство транспорта).

2) Закажите 45 000 кг витамина С на условиях производителя. Срок отгрузки с завода: 10 дней со дня получения предоплаты. Скидка: 5% от цены прайслиста. В приложении: инструкции по упаковке и маркировке.

3) Bestellen Sie 3000 Packungen à (по) 500 Blatt Kopierpapier A4, 80 g/m2, laut Muster (в соответствии с образцом). Verpackung: in Kartons (картонные короба), auf Paletten (на поддонах). Preis ...... ab Werk. Zahlung: bestätigtes Akkreditiv (подтверждённый аккредитив). Versand (отправка): sofort nach Erhalt des Akkreditivs.

4) Nehmen Sie Bezug auf Ihren Besuch beim Vertreter des Schweizer Uhrenerzeugers in Moskau und bestellen Sie die dort ausgesuchten 150 Damen- und Herren-Armbanduhren. Zahlung 100% voraus, Lieferung per Luftpaket (доставка воздухом) aus der Schweiz nach St. Petersburg sofort nach Zahlungserhalt.

5) Bestellen Sie das Produkt Ihrer Wahl.

5.8. КОММЕРЧЕСКИЙ ЗАКАЗ ЧЕРЕЗ ИНТЕРНЕТ

ВАШ ЗАКАЗ

Фамилия Имя Отчество

Наименование фирмы

Адрес доставки

Тел

Факс

Ваш e-mail

Сейчас заказаны следующие позиции:

Наименование товара	Цена	Кол-во	+	-	Сумма	Удалить
В Вашей корзине нет ни одного товара!						
Общая сумма заказа - 0 евро.						

Дополнительная Информация

ОЧИСТИТЬ

5.9. ПОДТВЕРЖДЕНИЕ ЗАКАЗА

В подтверждении заказа повторяются и подтверждаются уже оговоренные условия. *In der Auftragsbestätigung werden die vorher vereinbarten Bedingungen wiederholt und bestätigt.*

ОАО «Уралвит»

620012, Россия, Свердловская область, Екатеринбург, пл. Октября,
Телефон: (3432) 36-60-22, 37-15-21; Факс:(3432) 36-60-40
E-mail: postmaster@uralvit.ru

ФармаТрейд АГ
Начальнику отдела витаминов
Францу Бергеру

О заказе на поставку витамина С

Уважаемый господин Бергер!

Настоящим мы подтверждаем ваш заказ от 26.09.XX на поставку 45000 килограммов витамина С (аскорбиновой кислоты).

Товар: витамин С (аскорбиновая кислота)

Количество: 45 000 кг

Цена с учётом скидки 5%: 5,4 евро за килограмм. Цена понимается ФОБ Санкт-Петербург.

Условия оплаты: 100% предоплата

Срок отгрузки с завода: 10 дней со дня получения предоплаты.

В остальном действуют наши общие условия поставки.

С уважением,

Заместитель генерального директора ⸺⸺⸺ Олег Лунц

КОММЕНТАРИИ

настоящим мы подтверждаем: hiermit bestätigen wir

в остальном действуют наши общие условия поставки: im Übrigen gelten unsere Allgemeinen Lieferbedingungen

---

Упражнение 7. Напишите подтверждение заказа на поставку следующих товаров. *Schreiben Sie Auftragsbestätigungen für folgende Waren:*

1) Бытовые электроприборы 2) Полистирол 3) Копировальная бумага

4) Наручные часы 5) Товары на ваш выбор

5.10. ПЕРЕПИСКА ПО ЭЛЕКТРОННОЙ ПОЧТЕ В СВЯЗИ С ПОСТАВКОЙ

Е-мэйл – это самая быстрая и поэтому в большинстве случаев самая эффективная форма современной деловой переписки. *Die rascheste und daher in den meisten Fällen effizienteste Form der modernen Geschäftskorrespondenz ist die E-Mail.*

От: <elektro-office@post.ru>
Кому: И. Живаго
Дата: Thu, 30 Sep 2004 16:46:09 +0100
Тема: Задержка с отгрузкой

Уважаемый г-н Живаго!

28 сентября с.г. **мы перечислили** сумму предоплаты на ваш счет банковским переводом через Сбербанк и **поручили нашему экспедитору забрать** первую часть товара со склада в Москве. К нашему сожалению, экспедитор сообщил нам, что товары **до сих пор** не **готовы к отгрузке**.

Просим **принять меры** и подтвердить **в кратчайший срок** готовность товара к отгрузке. В случае дальнейшей задержки отгрузки, мы **понесём убытки,** и **вынуждены будем** потребовать компенсации в размере 0,1% от суммы предоплаты за каждый день задержки.

С уважением,
Л.М. Шейкин

От: ektr@mail.nsk.ru
Кому: Л.М. Шейкин
Тема: ваш е-мэйл касательно задержки с отгрузкой
Копия: Si-Transport <si-trans@pism.net>

Уважаемый г-н Шейкин!

В связи с Вашим е-мэйлом от 30.09.03 сообщаем Вам, что мы получили предоплату только сегодня и **сразу же** сообщили Вашему экспедитору по факсу, что он может начать отгрузку. **Мы сожалеем о задержке** в отгрузке товара.

С уважением,
Юрий Живаго

КОММЕНТАРИИ

мы перечислили: wir haben überwiesen

поручили (+ 3. Fall) нашему экспедитору забрать ... : wir haben unseren Spediteur beauftragt (die Ware) abzuholen.

до сих пор: bis jetzt

готовы к отгрузке: abholbereit

принять меры: Maßnahmen ergreifen

в кратчайший срок: kurzfristig, in kürzester Zeit

понести убытки: Verluste (Schaden) erleiden

вынуждены будем: wir werden gezwungen sein

сразу же: sofort

мы сожалеем о задержке: wir bedauern die Verzögerung

Упражнение 8. Напишите следующие е-мэйлы. *Schreiben Sie folgende E-Mails:*

1a) Ссылаясь на договор о поставке 300 тонн полистирола напишите вашему покупателю, что вы до сих пор не получили подтверждение об открытии аккредитива. Если вы не получите подтверждение сегодня вы не сможете гарантировать поставку товара в назначенный срок.

1b) В ответ на письмо производителя полистирола сообщите, что аккредитив будет открыт на этой неделе. Извинитесь за задержку. Вы надеетесь, что ваш партнер сможет выполнить поставку в срок, так как заказанное сырье уже включено в план производства.

2a) Вы подписали договор с Уральским витаминным заводом о покупке витамина С. Сообщите, что товар должен быть доставлен в порт Санкт-Петербург с 1 по 8 сентября, так как вы на это время зафрахтовали судно. Попросите прислать подтверждение о том, что товар будет доставлен в срок.

2b) В ответ на письмо покупателя подтвердите, что товары будут доставлены в Санкт-Петербург в назначенный срок.

3) Sie sind der Importeur von Büromaterial. Teilen Sie Ihrem Lieferanten mit, dass Sie den Vertrag über Kopierpapier geringfügig (незначительно) ändern wollen. Anstelle (вместо +2.Fall) der bestellten 3000 Packungen A4 mit 80g/m2 wollen Sie 2500 Packungen A4 mit 80g/m2 und 500 Packungen A4 mit 160 g/m2 erhalten. Ersuchen Sie um eine rasche Antwort.

4) Als Schweizer Uhrenerzeuger schreiben Sie an den Juwelier, mit Kopie an Ihren Vertreter in Moskau, dass die Ware in 2 Tagen mit Flug XY abgehen (будет отправлен) wird. Ihr Vertreter wird die Importabwicklung durchführen (оформит импортную декларацию) und die Ware an Sie weiterleiten. Teilen Sie mit, dass Sie sofort eine Kopie des Luftfrachtbriefes (копия авиационной транспортной накладной) per Fax schicken werden.

5a) Schreiben Sie dem Verkäufer Ihres Wahlproduktes, dass Sie die Ware noch nicht erhalten haben. Sie brauchen die Lieferung unbedingt sofort, weil Ihnen sonst Verluste entstehen, die ihnen der Lieferant ersetzen muss. Ersuchen Sie, dass der Lieferant Maßnamen ergreift und Ihnen die Ware in kürzester Zeit schickt.

5b) Als Verkäufer des Wahlproduktes bedauern Sie die Verspätung, die durch ein Problem in der Produktion entstanden ist, welches aber inzwischen gelöst werden konnte. Die Ware wird noch an diesem Tage abgesandt.

5.11. РЕКЛАМАЦИЯ

От: <elektro-office@post.ru>
Кому: И. Живаго
Дата: Thu, 30 Sep 2003 16:46:09 +0100
Тема: поставка с дефектами

Уважаемый г-н Живаго!

К сожалению, мы вынуждены сообщить Вам, что вместо утюгов модели PV 3102 вы послали нам другую модель (SI 62101). Мы готовы оставить утюги этой модели **при условии**, что Вы предоставите скидку в 20% **от их стоимости**. **В противном случае** утюги будут отправлены обратно **за Ваш счет**. В любом случае, мы ожидаем, что **заказанная нами** партия утюгов модели PV 3102 будет отправлена нам **без промедления**.

Кроме того, **при приемке товара** мы установили, что одна из упаковок **нарушена**, и 3 из 10 кофеварок марки Bosch **повреждены**. Мы считаем, что повреждение произошло **по Вашей вине**. Высылаем вам акт приемки по факсу и фотографии поврежденного товара (**см. аттачмент**). Просим вас **заменить дефектные кофеварки на исправные** той же самой марки или перевести их стоимость на наш расчетный счет.

Пожалуйста, сообщите нам о Вашем решении как можно быстрее.

С уважением,
Л.М. Шейкин

Прикреплённые документы: Photo_1.jpg
Photo_2.jpg

КОММЕНТАРИИ
при условии: unter der Voraussetzung, Bedingung
от их стоимости: ihres Wertes
в противном случае: wenn nicht (im gegenteiligen Fall)
заказанная нами: von uns bestellte ... Langform des Partizip Präteritum Passiv (PPP), wird vom vollendeten Verb «заказать» gebildet. Die Langform ist

dann anzuwenden, wenn das PPP als Adjektiv verwendet wird, die Kurzform wenn das PPP als Verb verwendet wird. *Vgl.:* Seite 92

за Ваш счёт: auf Ihre Kosten

готовы к отгрузке: versandbereit

без промедления: ohne Verzögerung

при приёмке товара: bei Annahme der Ware

нарушена: beschädigt, (auf)gebrochen. Kurzform des PPP, von «нарушить».

повреждены: beschädigt. Kurzform des PPP, von «повредить»; повреждён, повреждена, повреждено, повреждены

по Вашей вине: durch Ihr Verschulden

см.=смотри: siehe

заменить дефектные кофеварки на исправные: die defekten Kaffeemaschinen durch intakte, einwandfreie ersetzen

---

От: ektr@mail.nsk.ru
Кому: Л.М. Шейкин
Тема: ваш е-мейл о поставке с дефектами
Копия: Si-Transport <si-trans@pism.net>

Уважаемый г-н Шейкин!

Мы рассмотрели вашу претензию о том, что полученный Вами товар не соответствует заказанному, и **считаем её обоснованной.** Мы **приносим свои извинения** и **заверяем Вас**, что **такое больше не повторится.** Ссылаясь на наш телефонный разговор, мы готовы предоставить Вам скидку в 15% от стоимости утюгов.

Что касается поврежденных кофеварок, то мы должны **отклонить вашу претензию. Согласно транспортной накладной** перевозчик принял груз **без нарушения упаковки**. Это значит, что повреждение груза произошло во время перевозки, поэтому **ответственность за повреждения несет перевозчик.**

С уважением,
Юрий Живаго

КОММЕНТАРИИ

мы рассмотрели вашу претензию: wir haben Ihre Reklamation geprüft

считаем её обоснованной: halten sie für gerechtfertigt

заверяем Вас: wir versichern Ihnen

такое больше не повторится: so etwas kommt nicht wieder vor

что касается: was betrifft

согласно транспортной накладной: gemäß Frachtbrief

отклонить Вашу претензию: Ihre Reklamation ablehnen

без нарушения упаковки: ohne Beschädigung der Verpackung

ответственность за повреждения несёт перевозчик: die Verantwortung für die Beschädigung trägt der Frachtführer.

Упражнение 9. Напишите следующие сообщения.
Schreiben Sie folgende Mitteilungen:

1a) В процессе производства, в котором использовался полистирол фирмы „Полимер" у вас возникли технические проблемы. Для решения этих проблем вам требуется помощь производителя. Детали вы хотели бы обсудить по телефону со специалистом. Попросите сообщить вам, в какое время и кому вы можете позвонить по этому поводу.

1b) В ответ на е-мэйл покупателя полистирола и последующий телефонный разговор, сообщите, что вы направили вашим клиентам специалиста-техника. Вы надеетесь, что с его помощью ваши клиенты смогут решить возникшие проблемы.

2a) Вы получили первую партию витамина С и обнаружили, что 3 мешка повреждены. В результате товар, находившийся в этих мешках, больше не пригоден к использованию. Вы хотите, чтобы продавец со следующей партией прислал 3 новых мешка, вместо повреждённых.

2b) Als Verkäufer des Vitamins C bedauern Sie, dass 3 Säcke aufgebrochen waren und die Ware dadurch unbrauchbar wurde. Der Schaden muss aber auf dem Schiff oder bei der Entladung (во время разгрузки) passiert sein, denn wie der Frachtbrief beweist, wurde die Ware mit einwandfreien Säcken an Bord geliefert. Die Sache liegt daher außerhalb Ihres Verantwortungsbereichs. Empfehlen Sie Ihrem Kunden, den Schadensfall (страховой случай) seiner Versicherung zu melden (известить страховую компанию/страховщика о....).

3a) Sie sind der Käufer von Büropapier. Sie haben die Lieferung erhalten und mussten leider feststellen, dass doch 3000 Packungen 80g geschickt wurden, statt 2500 Packungen 80g und 500 Packungen 160 g. Bitten Sie um Nachlieferung der richtigen Ware und um Vorschlag, was mit den fehlerhaft gelieferten 500 Packungen gemacht werden soll.

3b) Als Lieferant bedauern Sie den Irrtum und bringen die richtigen 500 Packungen sofort auf den Weg. Die Versandkosten (стоимость пересылки) übernehmen (брать на себя) Sie. Bezüglich der falsch gelieferten 500 Packungen schlagen Sie vor: a)Sie lassen die Ware durch Ihre Moskauer Vertretung abholen, oder b) Kunde behält sie und braucht dafür erst in 90 Tagen zu bezahlen. Ersuchen Sie um Mitteilung, welche der Alternativen der Kunde wählt.

4a) Sie sind der Juwelier aus St. Petersburg. Schreiben Sie dem Vertreter in Moskau, dass Sie die Lieferung erhalten haben, aber feststellen mussten, dass nicht 150 Armbanduhren enthalten waren, sondern nur 141 Stück. Sie bitten um Stellungnahme.

4b) Sie sind der Vertreter in Moskau. Sie bedauern den Vorfall und ersuchen den Kunden, Ihnen mitzuteilen, welche Modelle fehlen (не хватает + 2.Fall) und ob das Paket unversehrt bei ihm angekommen ist, oder ob es aufgebrochen war.

5) Erfinden Sie eine Reklamation für das Produkt Ihrer Wahl, und die Antwort auf die Reklamation.

НЕКОРРЕКТНЫЕ ПОСТАВКИ	FEHLERHAFTE LIEFERUNGEN
поставка с дефектами	Lieferung mit Fehlern, Mängeln
поставка с ошибочно посланной продукцией	Lieferung mit falsch gelieferten Produkten
неполная поставка	unvollständige Lieferung
поставка с опозданием	verspätete Lieferung
преждевременная поставка	verfrühte Lieferung

LÖSUNGEN ZU DEN ÜBUNGEN

Kapitel 1

<u>Упражнение 1</u>

Здра́вствуйте, могу я **поговори́ть с господи́ном Серо́вым**? **Его́ нет**, он в командиро́вке и бу́дет то́лько **че́рез три дня**. **Переда́йте ему́ пожа́луйста**, чтобы он мне позвони́л, когда́ **он вернётся**. У меня́ тепе́рь но́вый рабо́чий **телефо́н**, запиши́те его, пожа́луйста. Да-да, я **запи́сываю**.

<u>Упражнение 3</u>

Алло́, **мо́жно поговори́ть с Оле́гом** / (weniger förmlich) **мо́жно Оле́га**? **Его́ нет**, ему что-нибу́дь переда́ть? Нет, спаси́бо, мне обяза́тельно ну́жно **поговори́ть** с ним ли́чно. Вы не могли́ бы дать мне **его́ моби́льный телефо́н**? Вообще́-то он **в о́тпуске**, но е́сли это **о́чень сро́чно** ...

<u>Упражнение 10</u>

Мы познако́мились на вы́ставке в Москве́, **по́мните**? Я **на** три дня́ прилета́ю в Новосиби́рск, **в сре́ду, деся́того ма́рта**, мы могли́ бы встре́титься? Да, но то́лько **в пя́тницу, двена́дцатого**, в сре́ду и четве́рг меня́ не бу́дет в го́роде. Хорошо́, когда́ и где мы встре́тимся? **Когда́ вам удо́бнее**? Мне лу́чше **в пе́рвой полови́не дня**, ве́чером у меня́ самолёт. Я зае́ду за ва́ми в гости́ницу **в во́семь часо́в утра́**. Хорошо́, **договори́лись**.

Упражнение 11

13:00	*час дня́*	08:00	*во́семь часо́в утра́*
14:00	*два часа́ дня́*	10:00	*де́сять часо́в утра́*
01:00	*час но́чи*	19:00	*семь часо́в ве́чера*
03:00	*три часа́ но́чи*	21:00	*де́вять часо́в ве́чера*

Упражнение 13

1. В ва́шем катало́ге нас осо́бенно **заинтересова́ла** моде́ль №5.
2. **Како́го числа́** начина́ются перегово́ры?
3. Наш шофёр **зае́дет за ва́ми** в гости́ницу в семь ве́чера.
4. **Мне удо́бнее** встре́титься ве́чером, по́сле рабо́ты.
5. Нам необходи́мо **обсуди́ть** но́вый зака́з.
6. Дире́ктор сейча́с о́чень **за́нят** , позвони́те ему́ попо́зже.
7. Извини́те, я не мог прийти́ ра́ньше. Вы давно́ меня́ **ждёте**?
8. **Де́ло в том**, что ва́ша проду́кция не отвеча́ет росси́йским станда́ртам.
9. **Что́бы** получи́ть визу, мне́ необходи́мо приглаше́ние.

Упражнение 16

1) Како́го числа́ вы приезжа́ете / прилета́ете?
2) Каки́м ре́йсом?
3) Меня́ встре́тят / Меня́ кто-нибу́дь встре́тит?
4) А кака́я у вас пого́да?
5) В какой гости́нице вы мне заказа́ли но́мер?

Упражнение 19

Извини́те, я хоте́л бы **перенести́** на́шу встре́чу. Я до́лжен **сро́чно** лете́ть в Га́мбург, поэ́тому я не смогу́ прие́хать в сре́ду, как мы **договори́лись**. Я верну́сь **не ра́ньше пя́тницы**. Мо́жет быть мы **могли́ бы** встре́титься на сле́дующей неде́ле? **Как насчёт** понеде́льника? Да, это **не пробле́ма**.

Упражнение 25

1) Завтра нам на́до встать ра́но, что́бы не **опозда́ть** на самолёт.
2) Дава́й встре́тимся в метро́, на ста́нции «Проспе́кт Верна́дского» в це́нтре за́ла. 3) В банк мы уже́ **не успе́ем**, он закрыва́ется че́рез де́сять мину́т. 4) Скажи́те, э́то ме́сто **свобо́дно**? 5) Когда́ бу́дешь в Москве́, обяза́тельно **мне позвони́**! 6) Я бы **с удово́льствием** пошёл с вами на конце́рт, но сего́дня ве́чером я за́нят. 7) Она́ уже́ **давно́** рабо́тает в э́той фи́рме.

Kapitel 2

Упражнение 1

- Как вы дое́хали / долете́ли?
- У вас тяжёлый чемода́н?
- Кака́я пого́да у вас в *** ?
- Вы уже́ бы́ли в ***?
- У вас есть де́ти? Ско́лько (у вас дете́й)?
- Каки́е у вас пла́ны на за́втра?

Упражнение 2

1) помогу́ 2) про́бка 3) са́ми 4) час пик 5) завяза́ла конта́кты

6) отдохну́ть 7) наде́емся

Упражнение 6

фарширо́ванное кури́ное мя́со в панирóвке	*котле́та по-ки́евски*
суп из ры́бы	*уха́*
суп из капу́сты	*щи*
сала́т из отварны́х овоще́й	*винегре́т*
ки́сло-сла́дкий напи́ток из я́год	*морс*
напи́ток из хле́ба	*квас*
рис с бара́ниной	*плов*
ру́сские «равио́ли»	*пельме́ни*

Упражнение 7

1. бара́нина
2. говя́дина
3. инде́йка
4. теля́тина
5. гусь
6. ку́рица
7. у́тка
8. свини́на

Упражнение 14

	да	нет
• Бо́льшая часть населе́ния о́бласти занята в промы́шленности.	X	
• В структу́ре сельскохозя́йственного произво́дства животново́дство игра́ет гла́вную роль.		X
• Сме́ртность в регио́не почти́ в два ра́за бо́льше чем рожда́емость.	X	
• Коли́чество городски́х жи́телей ме́ньше, чем коли́чество се́льских.		X
• Внешнеторго́вый бала́нс о́бласти – положи́тельный / позити́вный	X	
• О́бласть импорти́рует большо́е коли́чество проду́кции из США.		X
• Поле́зные ископа́емые игра́ют о́чень ва́жную роль в эконо́мике о́бласти.		X

Kapitel 3

Упражнение 3

Здравствуйте, я **менеджер по закупкам** фирмы «Колбасный Мир». Наша фирма **производит** разные сорта колбасы. У нас уже есть поствщики сырья, но у них **слишком высокие цены**, и мы **ищем** альтернативные варианты. Скажите, **на каких условиях** можно заказать у вас говядину и свинину? Пожалуйста, вот наш прайслист, там **написано** всё, **что вас интересует**. Мы готовы **поставить** вам товары **немедленно**. Условия платежа – **стопроцентная предоплата.**

Упражнение 5

1) Что вы **ищете**? Мои документы. 2) Мы **предлагаем** различные сорта пива. 3) Какое количество вы могли бы нам **поставить**? 4) Наша фирма **производит** моторы. 5) Мы хотели бы **заказать пробную партию**.

Упражнение 6

1. Извините, у меня сейчас нет времени я **должен / должна** закончить эту работу.

2. Мой коллега **должен был** вчера позвонить важному клиенту, но он забыл.

3. Когда вы **должны́ бы́ли** подписать договор, вчера или позавчера?

4. Если вы не поставите товары в срок, вы **должны́ бу́дете** заплатить штраф.

5. Что мы **должны́** сделать, чтобы получить визу?

6. Она **должна́ была́** приехать на Украину ещё месяц назад.

7. У нас сегодня гости, я **должен / должна́** купить хорошее вино.

Упражнение 10

	да	нет
1. Банк, который открывает аккредитив, находится в стране экспортёра.		X
2. Банк-эмитент, это банк, который открывает аккредитив.	X	
3. Безотзывный аккредитив можно изменить без согласия продавца.		X
4. Подтверждённый аккредитив даёт меньшую защиту для экспортёра, чем неподтверждённый.		X
5. В случае НЕподтверждённого аккредитива только банк покупателя даёт гарантию платежа для экспортёра .	X	
6. Плату за свои товары в случае подтверждённого аккредитива экспортёр получает от банка-эмитента.		X
7. Для импортёра нет принципиальной разницы между безотзывным аккредитивом и подтверждённым безотзывным аккредитивом.	X	

Упражнение 12

ЭТАПЫ ТРАНСПОРТИРОВКИ	Франко-завод	Франко-борт	Стоимость страхование фрахт
	EXW	FOB	CIF
Перевозка и страхование до порта отправки.	покупатель	продавец	продавец
Экспортные таможенные сборы.	покупатель	продавец	продавец
Фрахт с момента погрузки на борт в порту отправки, до порта в стране назначения.	покупатель	покупатель	продавец
Страхование с момента погрузки на борт в порту отправки, до порта в стране назначения.	покупатель	покупатель	продавец
Перевозка и страхование от порта назначения до конечного пункта.	покупатель	покупатель	покупатель

Упражнение 13

Запись в записной книжке:	Термин «Incoterms»
1. Товáры достáвлены фúрме «Spedition Steiner». Экспортные тамóженные сборы оплáчены.	FCA
2. Товáры погрýжены на борт сýдна в Амстердáме. Фрахт и страховáние до пóрта Санкт-Петербýрг оплáчены.	CIF
3. Товáры погрýжены на склáде фúрмы-продавцá.	EXW
4. Товáры погрýжены на борт в Гáмбурге. Все расхóды до Гамбурга оплáчены.	FOB
5. Товáры достáвлены на гранúцу Лáтвии.	DAP

Упражнение 14

Transport	перевóзка
Verladung	погрýзка
Entladung	разгрýзка
Verantwortlichkeit	отвéтственность
Kosten	расхóды
Versicherung	страховáние / страхóвка
Steuern	налóги
Zölle	пóшлины
Zollgebühren	тамóженные сбóры
Zollabfertigung	растамóживание / растамóжка
Bestimmungsort	мéсто назначéния
Frachtführer	перевóзчик
Verladehafen	порт отпрáвки
Lieferbedingungen	услóвия постáвки
Eisenbahn	желéзная дорóга
Verpflichtung	обязáтельства
an Bord	на бортý
Spediteur	экспедúтор

Упражнение 15

Если ра́ньше ситуа́ция на ры́нке была́ не о́чень **благоприя́тная**, то в настоя́щее вре́мя **наблюда́ется** стаби́льный рост. Объём прода́ж **увели́чился в три ра́за** по сравне́нию с про́шлым го́дом. **Произво́дство** вы́росло **на три́дцать проце́нтов** и **составля́ет** 75 000 едини́ц в год. Что каса́ется прогно́за на бу́дущее, то специали́сты счита́ют, что **спрос на** проду́кцию э́той о́трасли **дости́гнет пи́ка** в сле́дующем году́, а пото́м бу́дет уменьша́ться, что приведёт к сниже́нию **те́мпов ро́ста**.

Упражнение 18

		да	нет
1.	Объём произво́дства витами́нов в после́дние два го́да остава́лся постоя́нным.	X	
2.	Произво́дство антибио́тиков постоя́нно увели́чивалось.	X	
3.	В 2001 году́ заво́д производи́л в 2 ра́за ме́ньше витами́нов чем ферме́нтов		X
4.	В 2000 г. заво́д производи́л одина́ковое коли́чество витами́нов и антибио́тиков.	X	
5.	Произво́дство ферме́нтов постоя́нно увеличи́валось.		X
6.	Объём произво́дства витами́нов в 2002 году́ уме́ньшился по сравне́нию с 2001 го́дом на 1 ты́сячу тонн.		X
7.	Объём произво́дства антибио́тиков был са́мым высо́ким в 2003 году́.	X	
8.	Объём произво́дства витами́нов был са́мым ни́зким в 2001 году́.		X

Упражнение 21

Уважа́емые уча́стники вы́ставки «Вода́ и Тепло́ в Ва́шем До́ме»! Австри́йская фи́рма Prager, **оди́н из крупне́йших производи́телей** обору́дования для бассе́йнов в пе́рвый раз предста́вила **свою́ проду́кцию** на вы́ставке в Москве́. Мы о́чень ра́ды, что вы прояви́ли интере́с к **на́шим изде́лиям**. Уже́ сейча́с Вы мо́жете **приобрести́** необходи́мое Вам обору́дование у на́ших партнёров, а́дрес и телефо́н кото́рых ука́зан **в приложе́нии**. Официа́льные ди́леры фи́рмы Prager мо́гут **предложи́ть** Вам весь спектр на́шей проду́кции.

Kapitel 4

Упражнение 1

		да	нет
1.	Фи́рму основа́л её генера́льный дире́ктор в 1965 году́.		X
2.	73% а́кций фи́рмы принадлежа́т семье́ её основа́теля.	X	
3.	А́кции фи́рмы нахо́дятся в свобо́дной прода́же.		X
4.	«Фармако́м» произво́дит патенто́ванные препара́ты		X
5.	Фи́рма испо́льзует в произво́дстве совреме́нное обору́дование.	X	
6.	Гла́вная причи́на успе́ха фи́рмы – ни́зкие це́ны на её проду́кцию.		X
7.	Фи́рма «Фармако́м» – надёжный партнёр.	X	
8.	Фи́рма гаранти́рует высо́кое ка́чество свои́х препара́тов.	X	

Упражнение 3

На́ша компа́ния **специализи́руется** на произво́дстве о́фисной ме́бели и **явля́ется** одни́м из ли́деров на европе́йском ры́нке. **Годово́й оборо́т** компа́нии составля́ет 200 миллио́нов до́лларов. **Гла́вный при́нцип** на́шей рабо́ты – индивидуа́льный подхо́д к клие́нту. **Высо́кое ка́чество** на́шей проду́кции и **досту́пные це́ны** – гара́нтия успе́ха компа́нии. В произво́дстве мы испо́льзуем то́лько са́мое **совреме́нное обору́дование**. Мы **придаём большо́е значе́ние** рабо́те на росси́йском ры́нке.

Упражнение 4

Характеристики:	Организационно-правовая форма
Уставный капитал разделён на ...: **акции** Максимальное число участников: **50** Минимальный уставный капитал: **100 мин. окладов**	**ЗАО**
Уставный капитал разделён на ...: **доли** Максимальное число участников: **50** Минимальный уставный капитал: **100 мин. окладов**	**ООО**
Уставный капитал разделён на ...: **акции** Максимальное число участников: **не ограничено** Минимальный уставный капитал: **1000 мин. окладов**	**ОАО**

Упражнение 5

	да	нет
• Перед кредиторами участники общества отвечают всем своим имуществом.		X
• Акционерное общество может иметь одного акционера.	X	
• Размер минимального уставного капитала ООО такой же, как у ЗАО.	X	
• ЗАО и ООО имеют одинаковое максимальное число участников.	X	
• Минимальный уставный капитал ОАО меньше, чем у ЗАО.		X
• Акции ЗАО может купить любой желающий.		X
• Для открытого общества обязательно публичное ведение дел.	X	

Упражнение 7

А. 1) Отдел маркетинга 2) В отделе бухгалтерии 3) Финансовый директор 4) Отдел Транспорта 5) Начальником отдела рекламы и PR 6) Директор / сотрудник службы персонала

Б. 1) На́ша компа́ния **плани́рует** откры́ть филиа́л в Санкт-Петербу́рге. 2) Мы **и́щем** партнёров на Украи́не. 3) Отде́л маркетинга **разраба́тывает** но́вую маркетинговую страте́гию. 4) Отде́л рекла́мы **организу́ет** презента́цию но́вого брэ́нда. 5) Для того́, что́бы проду́кция компа́нии успе́шно продава́лась, необходи́мо **подде́рживать** конта́кты с клие́нтами. 6) Кто в э́той фи́рме **отвеча́ет за** рабо́ту с клие́нтами? 7) Мы **ведём** перегово́ры с ба́нком о креди́те на су́мму в 1 миллиа́рд е́вро. 8) Ты **контроли́руешь** ситуа́цию?

Упражнение 11

Компа́ния «Компо́ст Интернэ́шнл» приглаша́ет ДИЛЕРОВ в регио́нах для **совме́стной рабо́ты**!!! В настоя́щий моме́нт мы расширя́ем ди́лерскую **сеть** и о́чень рассчи́тываем на то, что Вы бу́дете **представля́ть** на́ши интере́сы в Ва́шем регио́не. У нас есть **представи́тельства** во мно́гих города́х Росси́и. Мы предлага́ем ски́дки **кру́пным** клие́нтам. Наде́емся установи́ть с Ва́шей фи́рмой **деловы́е** конта́кты. С нетерпе́нием ожида́ем Ва́шего отве́та, рассмо́трим любы́е предложе́ния о **сотру́дничестве**.

Упражнение 14

1) Изве́стно, что гла́вная цель рекла́мы – это **стимули́рование прода́ж.** 2) **В на́ше вре́мя** ни оди́н делово́й челове́к не мо́жет **обойти́сь без моби́льного телефо́на.** 3) По́сле того́ как на́ша компа́ния откры́ла **интерне́т-сайт**, число́ на́ших клие́нтов увеличи́лось. 4) Росси́йские потреби́тели **предпочита́ют** брэ́ндовые това́ры. 5) Конди́терская фа́брика «Кра́сный Октя́брь» разрабо́тала но́вый сорт шокола́дных конфе́т, специа́льно для **росси́йского ры́нка.** 6) Фи́рма «Компью́терный Сало́н» **уделя́ет большо́е внима́ние** корпорати́вному се́ктору ры́нка. 7) В каки́е журна́лы вы **даёте рекла́му?** 8) Для приготовле́ния блюд в на́шем рестора́не мы **испо́льзуем** то́лько натура́льные проду́кты.

Упражнение 19

- Потому что поставка пробной партии прошла успешно и фирма «Фармаком» довольна качеством товара.
- Продавец доставляет товар на фирму покупателя.
- Грузовик
- Потому что «Фармаком» хочет сделать крупный заказ.
- 5,4 евро за килограмм vs. 5,2 евро за килограмм.
- Потому что ей надо сначала посоветоваться с шефом.

Упражнение 20

Я рада, что вы довольны **качеством товара**, теперь мы можем обсудить **проект договора**. Скажите, в какой валюте вы производите **расчёты** с клиентами? Обычно в долларах, но если вам удобнее в евро, то это тоже **возможно**. Способ доставки будет зависеть от **количества**, которое вы хотите заказать. Оплата авансовым платежом, **за тридцать дней** до начала **отгрузки**. Мы надеемся, что вас **устраивают** наши условия, и мы сможем **заключить договор**.

Упражнение 29

Verpackung und Markierung:	*упако́вка и маркиро́вка*
Ablaufdatum	*срок го́дности*
Empfänger der Ware	*грузополуча́тель*
Allgemeine Bedingungen	*о́бщие усло́вия*
höhere Gewalt	*форс-мажо́р*
Lieferbedingungen	*усло́вия поста́вки*
Lieferfrist	*срок поста́вки*
Qualität	*ка́чество*
Zahlungsbedingungen	*усло́вия платежа́*
Menge und Preis	*коли́чество и цена́*
Vertragsgegenstand	*предме́т догово́ра*
Dokumente:	*докуме́нты*
Frachtbrief	*тра́нспортная накладна́я / коносаме́нт*
Zolldeklaration	*тамо́женная деклара́ция*
Rechnung	*счёт*

Упражнение 31

сделать	сде́лан	будет сде́лан	должен быть сде́лан
подписать	подпи́сан	будет подписан	должен быть подпи́сан
получить	полу́чен	будет получен	должен быть получен
отправить	отпра́влен	будет отправлен	должен быть отпра́влен
оплатить	опла́чен	будет оплачен	должен быть опла́чен
заказать	зака́зан	будет заказан	должен быть зака́зан
упаковать	упако́ван	будет упакован	должен быть упако́ван

Упражнение 32

1) Догово́р **будет подписан** 18 сентября́. 2) Това́ры **должны быть посланы** как мо́жно быстре́е. 3) Това́ры **должны быть упакованы** очень аккура́тно. 4) Скажи́те, когда **будет опла́чен** этот счёт? 5) Груз **(был) получен** 12 ма́рта. 6) Биле́ты на самолёт уже́ **зака́заны.**

Kapitel 5

Упражнение 2.

- Биогра́фия президе́нта США́ **Ру́звельта**.
- Вы уже́ знако́мы с **госпожо́й Смит**?
- Я не люблю́ му́зыку **Страви́нского**.
- На́до позвони́ть на́шему клие́нту **господи́ну Дашке́вичу**.
- Могу́ я поговори́ть с **О́льгой Гру́бер**?
- По ра́дио передаю́т Пя́тую симфо́нию **Ма́лера**.
- Нейрохирурги́ческая кли́ника и́мени **Бурде́нко**.
- Это письмо́ дире́ктору фи́рмы **госпоже́ Смирно́вой**.

Упражнение 3

приложе́ние	фо́рмула ве́жливости
текст письма́	да́та
по́дпись	заголо́вок
обраще́ние	получа́тель
поме́тки	указа́ние на содержа́ние письма́

WÖRTERVERZEICHNIS

акционе́рное о́бщество	Aktiengesellschaft
ава́нсовый плате́ж	Vorauszahlung
акт прие́мки	Übernahmeprotokoll
арбитра́жный суд	Schiedsgericht
аскорби́новая кислота́	Askorbinsäure
ауди́тор	Buchprüfer
ауди́торская прове́рка	Buchprüfung
бага́жный ваго́н	Gepäckwagen
ба́нковские реквизи́ты *(pl.)*	Bankverbindung
безнали́чный	bargeldlos
безопа́сность *(f.)*	Sicherheit
беспла́тный	kostenlos
благода́рность *(f.)*	Dank
благоприя́тный	günstig
благоро́дный	edel
блю́до	Gericht, Speise
большинство́	Mehrheit, Mehrzahl
брать на себя́	übernehmen, auf sich nehmen
бытова́я те́хника	Haushaltsgeräte
бюдже́т	Budget
варе́ный	gekocht
ва́та	Watte
веде́ние	Führung, Leitung
веду́щий	führend, leitend
ве́жливость *(f.)*	Höflichkeit
верну́ть *(v.)*	zurückgeben, zurücksenden
вес	Gewicht
ве́сить *(uv.)*	wiegen

вести *(uv.)*	führen
взрослый	Erwachsener
вина́	Verschulden
витри́на	Schaufenster, Auslage
вклад	Einlage
владе́ть (uv.)	besitzen
влия́ть (uv.)	beeinflussen, Einfluss haben
внедре́ние	Einführung, Einsatz
внешнеторго́вый	Außenhandels-
вне́шность (f.)	das Äußere
во́здух	Luft
возмо́жно (Adv.)	möglich
возмо́жный (Adj.)	möglich
возни́кнуть (v.)	entstehen
возни́кший	entstanden
возража́ть (uv.)	einwenden, dagegen sein
во́зраст	Alter
вообще́	überhaupt
воспо́льзоваться (v.)	ausfüllen
восто́чный	östlich
впечатля́ть (uv.)	beeindrucken
временный	zeitweilig, vorübergehend
встре́тить (v.)	treffen; abholen
вступа́ть (uv.) в силу	in Kraft treten
вы́бор	Wahl, Auswahl
вы́годный	günstig
вы́нужден, -а,-о, -ы	gezwungen, erzwungen
вы́пить (v.)	(aus)trinken
выполне́ние	Erfüllung
вы́пуск	Ausgabe, Emission
выпуска́ть (uv.)	herausgeben; (Aktien) ausgeben, emittieren
вы́расти (v.)	wachsen
высо́кий	hoch
вы́ставка	Messe, Ausstellung
вы́ше	höher

гла́вный	Haupt-
гли́на	Lehm, Ton
говя́дина	Rindfleisch
годово́й отчёт	Jahresbericht
госпо́дство	Herrschaft
гостеприи́мный	gastlich, gastfreundlich
гра́мотный	sachkundig, kompetent
груз	Ladung
грузови́к	Lastwagen
губерна́тор	Gouverneur
густо́й	dicht
давно́	seit langem
дви́гатель *(m.)*	Motor
декре́тный о́тпуск	Mutterschaftsurlaub
делова́я пое́здка	Geschäftsreise
деревообраба́тывающий	holzverarbeitend
деше́вле	billiger
де́ятельность *(f.)*	Tätigkeit
диапазо́н	Umfang, Breite; Bereich
дово́льно	genug; ziemlich
дово́лен, дово́льна, -о, -ы	zufrieden
догово́р	Vertrag
договори́ться *(v.)*	vereinbaren
до́ля	Teil, Anteil
дополне́ние	Ergänzung
доста́вка	Zustellung, Anlieferung
доставля́ть *(uv.)*, доста́вить *(v.)*	zustellen, anliefern
досту́пный	erschwinglich
доче́рняя фи́рма	Tochterfirma
ду́шно	schwül
едини́ца	Einheit
ежего́дно	jährlich
жа́реный	gebraten
жела́тельно	erwünscht
желе́зо	Eisen
животново́дство	Viehzucht

забра́ть *(v.)*	mitnehmen, entnehmen; abholen
заброни́ровать *(v.)*	reservieren
заверя́ть *(uv.)*	versichern, beteuern
зави́сеть *(uv.)*	abhängen
заво́д	Werk, Fabrik
за́городный	Land-, außerhalb der Stadt
заде́ржка	Verzögerung, Verspätung
зака́з	Bestellung
зака́зывать *(uv.)*	bestellen
заключа́ть *(uv.)*	abschließen
заключе́ние	Abschluss
зако́нчить *(v.)*	beenden
заку́пка	Einkauf
замени́ть *(v.)*	ersetzen
замести́тель *(m)*	Stellvertreter
замеча́тельный	hervorragend
за́нятость *(f.)*	Beschäftigung
за́падный	westlich
заплати́ть *(v.)*	bezahlen
запро́с	Anfrage
зараба́тывать *(uv.)* /де́ньги/	Geld verdienen
за́работная пла́та	Arbeitslohn, Gehalt
зарпла́та *(Kurzform)*	Arbeitslohn, Gehalt
зарубе́жный	ausländisch
засто́лье	Festessen, festliches Mahl
зафрахтова́ть *(v.)*	chartern
защи́та	Schutz
звоно́к	Anruf
зерно́	Getreide
знако́мство	Bekanntschaft
знако́мый	bekannt; ein Bekannter
зна́ние	Kenntnis
значе́ние	Wert, Relevanz
зо́лото	Gold
изве́стность *(f.)*	Kenntnis
изве́стный	bekannt, berühmt

изде́лие, -я	Erzeugnis
измене́ние	Änderung
измени́ть *(v.)*	(ab)ändern
и́менно	gerade, eben
иму́щество	Vermögen
иностра́нец	Ausländer
иностра́нный	ausländisch
иска́ть *(uv.)*	suchen
исполне́ние	Erfüllung
испо́льзование	Nutzung
испо́льзовать *(uv.)*	benutzen
испра́вный	einwandfrei, intakt
испыта́тельный срок	Probezeit
кабине́т	Arbeitszimmer
каса́ться *(uv.)*	betreffen
ка́чество	Qualität
кварти́ра	Wohnung
кирпи́ч	Ziegel
ки́сло-сла́дкий	süß-sauer (wrtl. sauer-süß)
кислота́	Säure
колбаса́	Wurst
коли́чество	Menge
кольцо́; Садо́вое Кольцо́	Ring; Gartenring *(Straße in Moskau)*
командиро́вка	Dienstreise
контроли́ровать *(uv.)*	kontrollieren
корзи́на	Korb
коро́бка	Schachtel
кофева́рка	Kaffeemaschine
кра́ска	Farbe
кре́пкий	stark
кровь *(f.)*	Blut
кру́пный	groß; bedeutend, namhaft
лёгкая промы́шленность	Leichtindustrie
листо́вка	Flugblatt
лицо́	Gesicht; Person
любо́й	jeder, jeder beliebige

маркиро́вка	Markierung
медици́нская страхо́вка	Krankenversicherung
медь *(f.)*	Kupfer
ме́ра	Maß; Maßnahme
ме́стный	örtlich, lokal
ме́сто назначе́ния	Bestimmungsort
мешо́к	Sack
мирово́й	Welt-
мирово́й ры́нок	Weltmarkt
морско́й	Meeres-
на́бережная	Uferstrasse
наблюда́ться *(uv.)*	zu beobachten sein
наде́жда; в наде́жде	Hoffnung; in der Hoffnung
наде́жность *(f.)*	Verlässlichkeit
наде́жный	zuverlässig; sicher
наде́яться *(uv.)*	hoffen
назнача́ть *(uv.)*	ansetzen, anberaumen
назна́чен -а, -о, -ы	angesetzt, festgelegt
назна́ченный	festgelegt, vorgesehen
наименова́ние	Benennung, Bezeichnung
накладна́я	Frachtbrief
нала́женный	wohlgeordnet
нали́чные *(pl.)*	Bargeld
нало́г	Steuer
нало́говый	Steuer-
напи́ток	Getränk
наприме́р	zum Beispiel
нару́шить *(v.)*	beschädigen, aufbrechen
населе́ние	Bevölkerung
настоя́щее вре́мя; в настоя́щее вре́мя	Gegenwart; gegenwärtig
настоя́щий	echt, wirklich; richtig
насчёт	bezüglich, wegen
нау́ка	Wissenschaft
нача́льник	Vorgesetzter, Chef
нача́ть *(v.)*	beginnen
не́жный	zart

незначи́тельно	geringfügig
нельзя́	man darf, kann, soll nicht
нео́новая рекла́ма	Neonreklame
нетерпе́ние	Ungeduld
ни́зкий	niedrig
ноутбу́к	Notebook
ны́нешний	derzeitig, heutig
обеспече́ние	Sicherung, Versorgung
обеспе́чить *(v.)*	versorgen
о́бласть *(f.)*	Gebiet, Region
обло́жка	Umschlag
обнару́жить *(v.)*	entdecken, feststellen
обознача́ть *(uv.)*	definieren
обойти́сь *(v.)*	auskommen
оборо́т	Umsatz
обору́дование	Ausrüstung
обору́довать *(uv.), (v.)*	ausrüsten
обосно́ванный	gerechtfertigt
образе́ц	Muster
образова́ние	Bildung, Ausbildung
обрати́ть *(v.)* внима́ние	beachten, Aufmerksamkeit schenken
обра́тно	zurück
обраща́ться *(uv.)*	sich wenden
обраще́ние	Anrede
обстоя́тельство	Umstand
обсужда́ть *(uv.)*, обсуди́ть *(v.)*	besprechen, diskutieren
о́бувь *(f.)*	Schuhe
обуче́ние	Ausbildung
обща́ться *(uv.)*	verkehren, Umgang haben
общепри́нятый	üblich
о́бщество	Unternehmen
о́бщий	allgemein; gemeinsam
объём	Umfang
объявле́ние	Stellenanzeige
обы́чный	gewohnt, üblich
обя́зан, -а, -о, -ы	verpflichtet

обя́занность	Verpflichtung
обяза́тельство	Verpflichtung
ограни́чен, -а, -о, -ы	begrenzt
оде́жда	Bekleidung
одина́ковый	gleich; derselbe
однора́зовый	Einweg-
однора́зовая посу́да	Wegwerfgeschirr
ожидать *(uv.)*	erwarten, erhoffen
ознакомле́ние	Kenntnisnahme
означа́ть *(uv.)*	bedeuten
окла́д	Gehalt
оконча́тельный	endgültig
описа́ние	Beschreibung
опла́та	Bezahlung
определе́нный	festgesetzt, bestimmt
о́птовая торго́вля	Großhandel
о́птовый	Großhandels-
о́пыт	Erfahrung
организо́вывать *(uv.)*	organisieren
основа́ние; на основа́нии	Grund, Gründung; aufgrund
основа́тель	Gründer
основа́ть *(v.)*	gründen
основно́й	Haupt-, wesentlich
оста́вить *(v.)*	lassen, belassen
остально́й	übrig
оста́ться *(v.)*	bleiben
отварно́й	gekocht
отвезти́ *(v.)*	bringen; wegbringen
отве́тственность *(f.)*	Verantwortlichkeit
отвеча́ть *(uv.)*	antworten; entsprechen
отвеча́ть за	verantwortlich sein für
отгру́зка	Verladung
отде́л	Abteilung
отделе́ние	Filiale, Zweigstelle
отклони́ть *(v.)*	ablehnen
отлича́ть *(uv.)*	unterscheiden

отноше́ния *(pl.)*	Verhältnis, Beziehung
отпра́вка	Versand
отправля́ть *(uv.)*, отпра́вить *(v.)*	versenden, abschicken
о́трасль *(f.)*	Zweig; Branche
отсро́чка	Aufschub
официа́нтка	Kellnerin
оце́нивать *(uv.)*	einschätzen, bewerten
очи́стить *(v.)*	reinigen; PC: löschen
па́мперс	Pampers
па́мятник	Denkmal
па́ртия	Partie; Partei
перевести́ *(v.)*	(Geld) überweisen
перево́д	Überweisung
перево́дчик	Übersetzer
перево́зка	Transport
переда́ть *(v.)*	übergeben; weitergeben
перезвони́ть *(v.)*	zurückrufen
перепи́ска	Briefwechsel, Korrespondenz
переу́лок	Gasse
перечи́слить *(v.)*	überweisen
песо́к	Sand
пита́ние	Nahrung; Ernährung, Verpflegung
пищева́я промы́шленность	Nahrungsmittelindustrie
плани́ровать *(uv.)*	planen
плате́ж	Zahlung
пли́тка	Fliese
пло́тность *(f.)*	Dichte
пло́щадь *(f.)*	Platz; Fläche
поблагодари́ть *(v.)*	danken, sich bedanken
побыва́ть *(v.)*	aufsuchen, besuchen
по́вод; по по́воду	Anlass, Sache; in bezug auf
повреди́ть *(v.)*	beschädigen
поврежде́ние	Beschädigung
повтори́ться *(v.)*	sich wiederholen
погру́зка	Ver-, Beladung
поддо́н	Untersatz; Palette

поднять *(v.)*   aufheben; erheben
подписа́ние   Unterzeichnung
подписа́ть *(v.)*   unterzeichnen
по́дпись *(f.)*   Unterschrift
подро́бный   ausführlich, detailliert
подтвержда́ть *(uv.)*, подтверди́ть *(v.)*   bestätigen
подтвержде́ние   Bestätigung
подтвержде́ние зака́за   Auftragsbestätigung
подхо́д   Herantreten, Zugang
подходя́щий   geeignet
пое́здка   Reise
пожа́рная маши́на   Feuerwehrauto
позавчера́   vorgestern
позвони́ть *(v.)*   anrufen
по́иск   Suche
показа́тель *(m.)*   Kennziffer
показа́ть *(v.)*   zeigen
покупа́тель *(m.)*   Käufer
поку́пка   (Ein)kauf
поле́зные ископа́емые *(pl.)*   Bodenschätze
поле́зный   nützlich, nutzbringend
полноцве́тный   vollfarbig
полоса́   Seite
получе́ние   Erhalt
получи́ть *(v.)*   erhalten
по́льзователь   Anwender, User (bei PC)
по́льзоваться *(uv.)*   anwenden
поме́тка   Bemerkung; Bezugszeichen
помеша́ть *(v.)*   stören
по́мощь *(f.)*   Hilfe
понести́ *(v.)* убы́тки   Verluste/Schaden erleiden
пора́довать *(v.)*   erfreuen
порт назначе́ния   Bestimmungshafen
посети́тель   Besucher, Gast
посети́ть *(v.)*   aufsuchen, besuchen
посла́ть *(v.)*   schicken

посове́товаться *(v.)*	sich beraten
поста́вить *(v.)*	liefern
поста́вка	Lieferung
поставщи́к	Lieferant
постара́ться *(v.)*	sich bemühen
поступле́ние	Eintritt, Eingang
посу́да	Geschirr
посчита́ть *(v.)*	(aus)rechnen
потерпе́ть *(v.)* неуда́чу	Misserfolg erleiden
пото́к	Strom, Fluss
потреби́тель	Verbraucher, Konsument
потребле́ние	Verbrauch, Konsum
потре́бовать *(v.)*	verlangen, fordern
почто́вая ма́рка	Briefmarke
появи́ться *(v.)*	erscheinen, auftauchen, sich zeigen,
пра́вило	Regel, Richtlinie
прайсли́ст	Preisliste
предлага́ть *(uv.),* предложи́ть *(v.)*	anbieten; vorschlagen
предложе́ние	Angebot
предме́т	Gegenstand
предопла́та	Vorauszahlung
предоста́вить *(v.)*	gewähren
предпочита́ть *(uv.)*	vorziehen
предпринима́тель *(m.)*	Unternehmer
предприя́тие	Unternehmen
представи́тельство	Vertretung(sbüro)
представля́ть *(unv.)*	vorstellen, ausstellen
преиму́щество	Vorteil
прете́нзия	Beschwerde, Reklamation
прибо́р	Gerät
приборострое́ние	Gerätebau
при́быль *(f.),* -и	Gewinn
приго́ден, приго́дна, -о, -ы	geeignet
пригото́вить *(v.)*	vorbereiten, zubereiten
прие́зд	Ankunft; Besuch
прие́м	Empfang

приёмка	Annahme, Abnahme
приз	Preis
прикреплённый	befestigt; als Anlage beigefügt
приложе́ние	Anlage, Beilage
применя́ться *(uv.)*	angewendet werden
принадлежа́ть *(uv.)*	gehören
приобрести́ *(v.)*	erwerben
присла́ть *(v.)*	schicken
прису́тствующие	Anwesender
причи́на	Ursache, Grund
про́бная па́ртия	Probepartie, Probelieferung
прове́рить *(v.)*	überprüfen
проводи́ть *(uv.)*	führen
продаве́ц	Verkäufer
прода́жа	Verkauf
прода́жная цена́	Verkaufspreis
прода́ть *(v.)*	verkaufen
продиктова́ть *(v.)*	diktieren
продолжа́ться *(uv.)*	dauern
проду́кция	Produktion
прожа́ренный	durchgebraten
производи́тель *(m.)*	Produzent, Hersteller
производи́ть *(uv.)*	produzieren; ausführen
произво́дство	Produktion, Erzeugung
произойти́ *(v.)*	geschehen, passieren
проливно́й	strömend, in Strömen
промы́шленность *(f.)*	Industrie
про́сьба	Bitte
про́тив	gegen, dagegen
процвета́ние	Blüte; Aufschwung
пылесо́с	Staubsauger
развива́ться *(uv.)*	sich entwickeln
разви́тие	Entwicklung, Ablauf
развлече́ние	Unterhaltung, Vergnügen
разгру́зка	Entladung
разделён, -а́, -о́, -ы́	aufgeteilt

разделе́ние	Verteilung
разли́чный	verschieden
разме́р	Ausmaß, Größe, Höhe
размеща́ть *(uv.)*	unterbringen
размеще́ние	Unterbringung
ра́зница	Unterschied
ра́зный	verschieden
разраба́тывать *(uv.)*	ausarbeiten
разреши́ть *(v.)*	erlauben
раке́тка	Racket
распределя́ть *(uv.)*	verteilen
распространённый	verbreitet
рассмотре́ть *(v.)*	behandeln, erörtern
рассчи́тывать *(uv.)*	(aus)rechnen
рассчи́тывать на	mit etwas rechnen
растениево́дство	Ackerbau
расхо́д, -ы	Kosten
расхо́довать *(uv.)*	ausgeben, aufwenden
расчёт	Kalkulation
расчётный счет	(Verrechnungs)konto
ре́дкий	selten
речно́й	Fluss-
реши́ть *(v.)*	beschließen; entscheiden
рожда́емость	Geburtenziffer, Geburtsrate
ро́зыгрыш	Ziehung, Verlosung
роско́шный	luxuriös, üppig
рост	Wachstum
ртуть (f)	Quecksilber
руководи́ть *(uv.)*	leiten
руково́дство	Leitung, Führung
ры́нок	Markt
садово́д-люби́тель	Hobbygärtner
самолёт	Flugzeug
самостоя́тельность *(f.)*	Selbständigkeit
са́хар	Zucker
сбор	Gebühr

сбыт	Vertrieb
све́тлый	hell
свини́на	Schweinefleisch
свобо́дный	frei
сейлз-промоушн	Sales Promotion
се́льское хозя́йство	Landwirtschaft
серебро́	Silber
сеть (f.)	Netz
ски́дка	Preisnachlass, Rabatt
склад	Lager
ско́ро	bald
сла́бый	schwach
сла́дкий	süß
сле́дующий	der folgende, nächste
сло́жный	schwierig
слу́жба	Dienst
слу́чай; в слу́чае	Fall; im Falle
сме́ртность	Sterblichkeit
смотря́	je nachdem
смысл	Sinn
сниже́ние	Senkung
собесе́дование	Vorstellungsgespräch
собра́ться (v.)	sich versammeln
соверша́ть (uv.)	vollbringen, vollziehen; unternehmen
совме́стное предприя́тие	Joint Venture
совреме́нный	zeitgemäß, modern
совсе́м	ganz, völlig
совсе́м не	überhaupt nicht
согла́сие	Zustimmung
сожале́ть (uv.)	bedauern
созда́ние	Schaffung
созда́ть (v.)	schaffen, ins Leben rufen
сокраще́ние	Abkürzung
сообще́ние	Mitteilung
сообщи́ть (v.)	mitteilen
соотве́тствовать (uv.)	entsprechen

сосе́дний	benachbart, Neben-
составля́ть *(uv.)*, соста́вить *(v.)*	bilden; zusammenstellen; (Betrag) ausmachen
сотру́дник	Mitarbeiter
сотру́дница	Mitarbeiterin
сотру́дничать *(uv.)*	zusammenarbeiten
сотру́дничество	Zusammenarbeit
спор	Streitigkeit
спо́соб	Art, Methode
спрос	Nachfrage
сравне́ние; по сравне́нию	Vergleich; im Vergleich
среди́	unter, (in)mitten
сре́дство	Mittel
срок го́дности	Ablaufdatum
срок; в срок	Frist, Termin; rechtzeitig
сро́чно	dringend
ссыла́ясь на	bezugnehmend auf
сталь	Stahl
станкозаво́д	Werkzeugmaschinenfabrik
стано́к	Werkzeugmaschine
статья́	(Zeitungs-)Artikel
стенд	(Messe-)stand
сто́имость *(f.)*	Wert, Preis, Kosten
сторона́	Seite
страна́	Land
страхова́ние	Versicherung
стро́гий	streng, strikt
строе́ние	Bau, Gebäude
су́дно	Schiff
сухо́й	trocken
существи́тельное	Hauptwort
существова́ть *(uv.)*	bestehen, existieren
счёт	Konto; Rechnung
счита́ть *(uv.)*	halten für, betrachten als
сырьё	Rohstoff
табли́чка	kleine Tafel

табло́	(Anzeige)tafel
тамо́женная деклара́ция	Zollerklärung
тёмный	dunkel
темп	Tempo; Rate
тече́ние; в тече́ние	Lauf, Verlauf; innerhalb
тира́ж	Auflage
това́р	Ware, Artikel
то́пливный	Brennstoff-
торго́вая компа́ния	Handelsfirma
торго́вля	Handel; Verkauf
то́чно *(Adv.)*	genau
то́чный *(Adj.)*	genau
тре́бование	Anforderung
тре́бовать *(uv.)*	verlangen
труба́, -ы	Rohr
тяжёлый	schwer
убеди́ть *(v.)*	überzeugen
убы́ток	Verlust
увели́чить *(v.)*	erhöhen, steigern
удали́ть *(v.)*	entfernen; PC: löschen
удо́бный	bequem, günstig
удовлетвори́тельный	zufriedenstellend
удово́льствие	Vergnügen
ужа́сный	schrecklich
узна́ть *(v.)*	erfahren
ука́зан, -а, -о, -ы	ist angegeben
указа́ние	Hinweise, Angabe
уменьша́ться *(uv.)*	sich verringern
упако́вка	Verpackung, Packung
упако́вочный лист	Packliste
управле́ние	Verwaltung, Leitung
у́ровень *(m.)*	Niveau, Ebene, Stand
урожа́й	Ernte
усло́вие	Bedingung
усло́вия опла́ты	Zahlungsbedingungen
услу́га; услу́ги	Dienst; (Dienst)leistungen

успе́х	Erfolg
успе́шно	erfolgreich
уста́вный капита́л	Stammkapital, Grundkapital
установи́ться *(v.)*	aufstellen, einrichten, etablieren
уста́ть *(v.)*	müde werden
усто́йчивый	fest, stabil, beständig
устра́ивать *(uv.)*	passen, zusagen; veranstalten
уточни́ть *(v.)*	präzisieren
утю́г	Bügeleisen
уча́стник	Teilnehmer, Teilhaber, Gesellschafter
учёт	Erfassung, Berücksichtigung
учреди́тель *(m.)*	Gründer
фармацевти́ческий	pharmazeutisch
шафра́н	Safran

LITERATURVERZEICHNIS

Дашевская Л. М. Правовые основы хозяйственной деятельности предприятий, Москва, 2000.

Демидова А. К., Смирнов Э.А. Русская коммерческая корреспонденция, Москва, 1998.

Жданова И. Ф., Мясникова Г.В., Мясников Н.Н. Русско-немецкий внешнеторговый и внешнеэкономический словарь, Москва, 1999.

Международная торговля: финансовые операции, страхование и другие услуги. Перевод с английского. Под редакцией М. А. Гольдберга и А. В. Воронцовой, Киев, 1994.

Фомичев В. И. Международная торговля, Москва, 2000.

www.ingramcontent.com/pod-product-compliance
Lightning Source LLC
Chambersburg PA
CBHW080241270326
41926CB00020B/4333